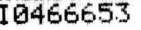

## ANGEL ESCANDÓN

# Liderazgo a la Mexicana

**LOS MEXICANOS NOS PINTAMOS SOLOS HASTA PARA LIDERAR**

## INDICE

| | |
|---|---|
| Prólogo | 3 |
| Capítulo 1: Los mexicanos nos pintamos solos | 5 |
| Capítulo 2: El concepto del líder del Siglo XXI | 18 |
| Capítulo 3: El Triángulo del Éxito | 32 |
| Capítulo 4: Recursos Humanos como 2º al mando | 48 |
| Capítulo 5: La Pirámide de los Patrones Empresariales | 59 |
| Capítulo 6: Tácticas de Liderazgo | 68 |
| Capítulo 7: Tácticas de Comunicación Asertiva | 79 |
| Capítulo 8: Tácticas de Trabajo en Equipo | 97 |
| Capítulo 9: Tácticas de Retención de Personal | 106 |
| Capítulo 10: Tácticas de Seguridad del Personal | 133 |
| Capítulo 11: Más Tácticas e Ideas | 143 |
| Capítulo 12: Consideraciones Finales | 178 |

## PRÓLOGO

En las páginas que siguen, te invito a explorar los matices de la idiosincrasia mexicana y descubrir por qué tantos métodos exitosos de otros países a menudo tropiezan al intentar arraigarse en nuestra tierra. Mi libro, "Liderazgo a la Mexicana", se propone desentrañar estos enigmas culturales y ofrecerte valiosas perspectivas sobre cómo superar estos desafíos.

A lo largo de estas páginas, me sumergiré en las raíces profundas de nuestra sociedad para identificar y compartir contigo las estrategias más efectivas, tácticas probadas y herramientas prácticas que te ayudarán a desarrollar tu liderazgo. Mi objetivo es proporcionarte el conocimiento y las habilidades necesarias para inspirar a tus equipos de trabajo y guiarlos hacia el éxito.

En este libro, encontrarás no solo teorías abstractas, sino consejos prácticos derivados de mi experiencia y comprensión profunda de nuestra cultura. Todo lo que he plasmado aquí tiene un propósito claro: fomentar líderes auténticos en nuestro entorno y mejorar las condiciones laborales, promoviendo una cultura empresarial que coloque al personal en el centro de todo.

La premisa fundamental de las tácticas y herramientas que compartiré contigo es simple pero poderosa: el personal es primero. Creo firmemente en el poder de cultivar un ambiente donde cada individuo se sienta valorado y motivado. En este viaje que emprenderemos juntos, te animo a que nos acompañes mientras exploramos, aprendemos y aplicamos estos principios transformadores.

Visualiza un futuro en el que lideras equipos de trabajo felices y altamente motivados, donde cada miembro encuentra significado en su labor diaria. Porque los mexicanos, con nuestra riqueza cultural y pasión innata, no solo somos capaces de liderar, sino de inspirar a otros a alcanzar su máximo potencial.

Estoy emocionado por el viaje que emprenderemos juntos. Te invito a sumergirte en estas páginas con mente abierta y corazón dispuesto. Juntos, pintaremos un nuevo panorama para el liderazgo a la mexicana, uniendo nuestras fortalezas para crear equipos de trabajo que no solo prosperen, sino que también dejen una huella duradera en el mundo empresarial.

Con entusiasmo y determinación,

Ángel Escandón

Para Diego, Valeria, Constanza, Mia, Aitana y Carolina.

## CAPITULO 1

## Los mexicanos nos pintamos solos

En los intrincados matices de la cultura mexicana yacen razones poderosas que a menudo desafían la aplicación fluida de procesos altamente exitosos de otras tierras. Aunque países como Japón, Alemania y Estados Unidos han forjado metodologías que han probado ser fructíferas en sus propias tierras, es imperativo reconocer que no somos japoneses, alemanes ni estadounidenses. Somos mexicanos, y en nuestra singularidad encontramos la esencia para liderar de una manera que es genuina y profundamente nuestra.

No es que carezcamos de la capacidad para adoptar estas metodologías, sino que su implementación sin un entendimiento profundo de nuestra cultura y sin una adecuada adaptación a nuestras raíces puede llevar al fracaso o a dilatar significativamente el proceso. Antes de explorar cómo enfrentamos estos desafíos, echemos un vistazo a los pros y los contras que definen nuestra cultura, al menos en términos generales. Aunque estas características no son universales, son lo suficientemente comunes como para definir parte de nuestra idiosincrasia.

Comencemos con los desafíos que enfrentamos:

Primero, nos encontramos en un entorno donde las altas perspectivas de vida no son tan comunes como quisiéramos. Nuestra cultura, en general, tiende a la comodidad y, en ocasiones, al conformismo. Nos contentamos con nuestras comodidades básicas y, a menudo, dejamos de esforzarnos por alcanzar niveles superiores.

La impuntualidad, tan arraigada en nuestra sociedad, se ha convertido en una peculiaridad reconocible a nivel mundial. Los famosos "15 minutos mexicanos" son una norma que muchos han aprendido a aceptar.

Además, nos hemos vuelto maestros en culpar a los demás por nuestras desventuras, desentendiéndonos de nuestras propias responsabilidades.

A menudo, preferimos que alguien más se encargue de lo que deberíamos hacer, y la frase "eso no es mío" resuena demasiado frecuentemente en nuestra cultura.

La postergación se ha vuelto un hábito, con la frase "ahorita lo hago" encapsulando una actitud de dejar las cosas para después, indefinidamente.

Por último, el trabajo en equipo a menudo se ve comprometido por una mentalidad centrada en el yo, en lugar de buscar el bien común desde temprana edad.

Estos desafíos se complican aún más cuando interactuamos con personas y procesos extranjeros que no comprenden nuestra forma de pensar. Esta discrepancia cultural puede llevar a una implementación lenta e impredecible de procesos que, en su forma original, podrían haber sido altamente efectivos.

## Los pros de la cultura mexicana

Ahora pasemos a lo que nos distingue de forma positiva, porque como en todo y en todas las culturas, tenemos fortalezas que nos caracterizan.

En el tejido multifacético de la cultura laboral mexicana, se entrelazan valores que nos definen y nos elevan. A lo largo de las generaciones, hemos forjado una herencia de trabajo que se distingue por su autenticidad y pasión. Detrás de los desafíos y las críticas, se encuentran virtudes profundas que merecen ser celebradas, como las siguientes:

**Fieles:** En nuestra esencia, los mexicanos somos fieles a nuestras raíces y a nuestras responsabilidades laborales. Este compromiso inquebrantable no solo se traduce en dedicación al trabajo, sino también en relaciones laborales sólidas y de confianza mutua.

Según un estudio de la consultora Deloitte, el 85% de los empleados en México demuestran una lealtad significativa hacia sus organizaciones cuando éstas no solo ofrecen beneficios y sueldos justos, sino cuando se preocupan por su personal.

**Nobles:** La nobleza de espíritu es un pilar fundamental de nuestra cultura laboral. Nos esforzamos por ser justos, respetuosos y empáticos en todas nuestras interacciones. Esta nobleza nos guía en nuestras decisiones, fomentando un ambiente laboral lleno de camaradería y respeto mutuo.

Una encuesta de la empresa Adecco, indica que el 92% de los empleados mexicanos valora la importancia del respeto mutuo en el entorno laboral.

**Humildes:** La humildad es un tesoro que llevamos con nosotros en nuestro camino laboral. Apreciamos cada logro, por pequeño que sea, y reconocemos que siempre hay espacio para aprender y crecer. Esta humildad nos mantiene abiertos a nuevas ideas y nos impulsa a superarnos constantemente.

La humildad se observa en la disposición para aprender y mejorar constantemente. De acuerdo con un estudio de la Universidad Nacional Autónoma de México (UNAM), el 70% de los profesionales mexicanos participan activamente en programas de capacitación continua.

**Ingeniosos:** La creatividad y la astucia son parte integral de nuestra identidad laboral. Frente a desafíos, encontramos soluciones innovadoras que a menudo sorprenden al mundo. Nuestra habilidad para pensar fuera de la caja y encontrar caminos inexplorados nos hace destacar en cualquier entorno laboral.

**Creativos:** La creatividad fluye en nuestras venas, alimentada por nuestra rica herencia cultural. Desde el arte hasta la ingeniería, los mexicanos han dejado una huella imborrable en el mundo creativo. Esta creatividad nos permite encontrar enfoques únicos para los problemas laborales y nos brinda la capacidad de transformar ideas en realidad.

**Se gana con esfuerzo:** Valoramos el esfuerzo y la dedicación como ninguna otra cosa. Sabemos que el éxito no llega fácilmente y estamos dispuestos a trabajar incansablemente para alcanzar nuestras metas. Esta ética de trabajo nos impulsa a superar obstáculos y nos llena de orgullo por cada logro obtenido.

La ética del esfuerzo se ve en la dedicación y perseverancia de los trabajadores mexicanos. Según datos del Instituto Nacional de Estadística y Geografía (INEGI), el 65% de los empleados en México reportan trabajar horas extras de manera regular. Esta dedicación se basa en la voluntad de superar desafíos y alcanzar metas, demostrando que el éxito se logra a través del trabajo arduo y la determinación constante.

Estos son los pilares que sustentan nuestra cultura laboral, los cimientos sobre los cuales construimos nuestros sueños y aspiraciones. En un mundo que cambia rápidamente, estas cualidades nos mantienen firmes, recordándonos quiénes somos y hacia dónde vamos.

## Las 6 características comunes de nuestra idiosincrasia.

Dentro de nuestra rica idiosincrasia, se manifiestan 6 características comunes que influyen profundamente en nuestras decisiones y comportamientos laborales, delineando la forma en que encaramos el trabajo y las interacciones en el ámbito laboral.

**1. Dependencia:** Enfrentamos un temor arraigado a cometer errores y afrontar represalias, lo que nos lleva a esperar instrucciones en lugar de asumir riesgos. Esta dependencia inhibe nuestra creatividad, sofoca la innovación y nos impide aventurarnos hacia lo desconocido. La confianza en nosotros mismos se ve minada por el miedo, limitando así nuestro potencial.

Un ejemplo claro de esta dependencia se encuentra en la reticencia de los empleados a tomar decisiones sin la aprobación de sus superiores. Según una encuesta de la Asociación Mexicana de Empresas de Capital Humano (AMECH), el 65% de los empleados mexicanos prefieren esperar instrucciones claras en lugar de asumir riesgos.

**2. Respeto al orden jerárquico:** Nuestra percepción tradicional del liderazgo nos lleva a creer que las mejores ideas provienen de los puestos superiores. Esta creencia en la autoridad jerárquica coarta nuestra creatividad y sofoca la productividad. Nos encontramos atrapados en un modelo donde solo unos pocos tienen la voz y el resto son meros seguidores, lo que limita nuestro potencial colectivo.

Un ejemplo evidente de esta característica es la falta de retroalimentación y sugerencias provenientes de los niveles jerárquicos inferiores. Según un estudio de la Universidad Nacional Autónoma de México (UNAM), el 78% de los empleados sienten que sus opiniones no son valoradas por sus superiores, lo que lleva a una falta de diversidad en las ideas y a la reducción de la productividad. Esta brecha en la comunicación jerárquica limita la creatividad y obstaculiza la eficiencia en el lugar de trabajo.

**3. Individualismo:** Nos enorgullecemos de nuestros logros individuales, fomentando la competencia en lugar de la colaboración. Desde temprana edad, se nos inculca el valor de destacarnos como individuos, en detrimento del trabajo en equipo. Esta mentalidad individualista se traduce en la falta de cooperación y en la preferencia por trabajar solos en lugar de unir fuerzas con otros.

La competencia desmedida entre colegas es un ejemplo palpable del individualismo en nuestra cultura laboral. Según un informe de la Cámara Nacional de la Industria de Transformación (CANACINTRA), el 70% de los empleados mexicanos prefieren trabajar solos en lugar de colaborar en equipos.

**4. Mala comunicación:** El silencio se convierte en un obstáculo significativo en nuestra comunicación. Nos retraemos en lugar de expresar nuestras preocupaciones, lo que da lugar a problemas no resueltos. Esta falta de diálogo, a menudo perpetuada por líderes y directivos, crea malentendidos y conflictos innecesarios. Los problemas se vuelven ajenos en lugar de ser asuntos que nos afectan a todos, creando división y desconfianza en el entorno laboral.

Según datos del Instituto Nacional de Estadística y Geografía (INEGI), el 60% de los problemas en los entornos laborales se originan debido a la falta de comunicación efectiva.

**5. Percepción del tiempo:** La impuntualidad y la falta de compromiso con las tareas inmediatas se han vuelto norma. Nos enfrentamos a una profunda resistencia a comprometernos, lo que lleva a la procrastinación y la falta de agilidad en la toma de decisiones. Esta falta de urgencia genera burocracia y desorganización, obstaculizando nuestro progreso y crecimiento.

Según un estudio de la consultora PwC, el 80% de los empleados mexicanos admiten llegar tarde al trabajo al menos una vez a la semana.

**6. Falta de perspectivas profesionales:** La falta de una visión clara hacia el futuro y la ausencia de un plan de carrera definido generan descontento y desmotivación en el ámbito laboral. Muchos de nosotros nos sentimos atrapados en empleos que no ofrecen perspectivas de crecimiento, lo que conduce a la insatisfacción y, eventualmente, a la renuncia. La falta de desarrollo profesional y estancamiento nos impide alcanzar nuestro máximo potencial.

La ausencia de un plan de carrera claro puede observarse en la alta tasa de rotación laboral en México. Según la Secretaría de Trabajo y Previsión Social, el 74% de los empleados no están satisfechos con sus trabajos actuales debido a la falta de perspectivas de crecimiento.

Reconocer estas características es el primer paso hacia un cambio significativo. Al entender las raíces de estos comportamientos, podemos trabajar juntos para superar estas limitaciones y liberar nuestro verdadero potencial como individuos y como sociedad. En nuestras manos está el transformar estas tendencias, cultivar una cultura laboral más colaborativa y abrir camino hacia un futuro donde el éxito se mida por nuestra capacidad para trabajar juntos y alcanzar metas compartidas.

A pesar de los notables avances en nuestra cultura laboral, no podemos pasar por alto ciertos malos hábitos que han arraigado sus raíces en nuestra sociedad. Estos hábitos, si bien pueden ser obstáculos, también representan oportunidades para el cambio y la mejora continua. Exploremos detenidamente algunos de estos patrones perjudiciales y analicemos cómo afectan tanto a la organización como al individuo, mientras trazamos un camino hacia la transformación.

### La falta de amor por la camiseta

Es un dilema que permea muchas empresas: la desconexión entre los empleados y la misión de la organización. El 45% de los trabajadores labora en áreas que difieren significativamente de sus estudios originales, reflejando una falta de alineación entre las aspiraciones personales y los objetivos de la empresa. Este desajuste no solo afecta la productividad, sino que también erosiona la cultura empresarial. Para contrarrestar esto, las organizaciones pueden implementar programas de integración y desarrollo profesional que ayuden a los empleados a entender y abrazar la visión de la empresa.

### La impuntualidad

El hábito arraigado de la impuntualidad no solo desafía la noción de respeto por el tiempo, sino que también afecta las relaciones laborales y la productividad general. En un país donde se acostumbra a contar las horas, no el esfuerzo o los objetivos alcanzados, llegar tarde al trabajo se convierte en un problema que va más allá del reloj. Siete de cada diez empleados admiten llegar tarde entre 10 y 30 minutos regularmente, creando un impacto negativo en la dinámica de trabajo. Para abordar esto, las empresas pueden implementar políticas de flexibilidad de horarios y fomentar una cultura de responsabilidad mutua.

### La falta de responsabilidad

La preferencia por asuntos familiares, cuestiones sentimentales y reuniones con amigos sobre compromisos laborales revela una falta de responsabilidad que se manifiesta a través del "ahorita", una antesala a la procrastinación absoluta. Esta falta de responsabilidad impacta directamente la eficiencia y calidad del trabajo. Para abordar este problema, las organizaciones pueden implementar sistemas de gestión del tiempo y establecer expectativas claras en cuanto a plazos y responsabilidades.

### El descontento con el salario

La insatisfacción salarial, que afecta al 78% de los trabajadores, es un desafío que impacta la moral y la productividad. Aunque la antigüedad y los diplomas no garantizan aumentos salariales ni mejores oportunidades de crecimiento, las organizaciones pueden abordar esto estableciendo políticas transparentes de compensación y beneficios.

En resumen, abordar estos hábitos arraigados no solo requiere la voluntad de cambio, sino también estrategias específicas y prácticas innovadoras. Al enfrentar estos desafíos de frente, las organizaciones pueden cultivar una cultura laboral más sólida y satisfactoria, mientras que los individuos encuentran oportunidades para crecer y prosperar en sus carreras profesionales.

## CAPITULO 2

### El concepto del líder del siglo XXI

Me han preguntado en distintas ocasiones qué hace diferente a un líder del Siglo XXI de uno de otra época.

Las bases, que iré desarrollando, son fundamentalmente iguales y tratan las habilidades humanas: empatía, amabilidad, comunicación sincera, actitud, aprecio, compasión, coherencia, autoestima, valores y manejo de conflictos.

La diferencia radica en el mundo digital en el que vivimos y en buscar romper un paradigma donde a todas las personas con un cierto nivel de responsabilidad se les denomina líderes sin serlo.

El líder comprende que su función no es la de dirigir o dar instrucciones ni mucho menos estar supervisando constantemente con una micro gerencia asfixiante, sino que debe brindar libertad a su gente de equivocarse, de echar a perder, de hacer algo mal y con ello aprender importantes lecciones porque no serán reprendidos por ello.

Aquí entra lo que quizá sea la primera y más importante enseñanza para un líder pero que al mismo tiempo es compleja de entender y de aplicar por tantas décadas en las que nos han enseñado a trabajar de otra forma, lo cual significa que debes desaprender lo que crees que sabes de manejo de equipos y liderazgo para poder aplicar lo que realmente funciona.

Esta enseñanza es simple y al mismo tiempo muy compleja pues se contrapone con lo que siempre has creído que debe ser un líder al frente de una empresa o un área de la misma:

**EL LÍDER TRABAJA PARA SU EQUIPO Y NO AL REVÉS**

Este concepto te lo explico a detalle en el capítulo correspondiente, pero quiero que lo tengas presente porque su comprensión y aplicación puede ser una gran diferencia al momento de implementar las tácticas que contienen los demás capítulos, de otra forma fácilmente pueden convertirse en instrucciones o hasta órdenes que no tendrán el efecto deseado.

La capacidad del líder para entender a las personas proviene de una característica que se adquiere con la práctica:

**EL LÍDER DEBE HABLAR AL ÚLTIMO**

Esto significa desarrollar la habilidad de escuchar, no interrumpir y opinar una vez que todos los demás han dado su punto de vista. En una reunión es común que la persona a cargo haga una presentación del tema o realice una serie de instrucciones y la participación de los demás se reduce o simplemente no existe.

Cuando el líder escucha, independientemente si ya tiene tomada una decisión o no, la cual podría modificar, le permite conocer los puntos de vista, información adicional, temores, preocupaciones, nuevas ideas e incluso reacciones sentimentales hacia un tema. Su labor es reunir toda esa información y hablar al final, teniendo un mejor panorama podrá definir mejores estrategias.

## EL LÍDER ES EMPÁTICO

No puede ser ajeno a lo que sucede con su personal, tanto dentro como fuera de la empresa.

Esa mentalidad arcaica de que los problemas se dejan en casa solo era un pretexto para no involucrarse y no preocuparse por las verdaderas situaciones que podían generar un bajo rendimiento en las personas.

Las situaciones complicadas en el ámbito de pareja, familiar, económico e incluso de salud merman la disposición, la creatividad y los resultados, cuando una persona se concentra en lo que le sucede afuera difícilmente va a solucionar algo dentro, pero no es posible que se olvide de su vida y ya, eso es ilógico.

El líder, mediante la comunicación y de conocimiento de cada miembro de su equipo puede darse cuenta o enterarse de lo que sucede y mostrando empatía podrá dar palabras de aliento, un consejo, quizá la forma en la que salió delante de algo similar.

Ese nivel de apoyo no solo genera aprecio y agradecimiento al ser escuchados sino un sentimiento de pertenencia y un deseo de salir adelante a pesar de las dificultades.

Los puestos con responsabilidad sobre otras personas, yo los llamo, puestos al cuidado de otras personas porque ese es el trabajo que debe hacerse para que todos y todo funcione con eficiencia y se haga con gusto.

Además, la empatía parece ser un tema del que todos hablan, pero nadie sabe cómo llevarlos a cabo y se suele pensar que es "ponerse en los zapatos del otro", pero si no conozco sus circunstancias es muy difícil hacerlo.

De ahí radica que la empatía realmente se logra cuando comprendemos lo que la otra persona está diciendo, haciendo y sintiendo, cuando conocemos los detalles y las situaciones que nos permiten tener una perspectiva más cercana y real desde el punto de vista de esa persona, entonces es ahí cuando tenemos la posibilidad verdadera de ayudarle.

Empatía no es imaginarse lo que pasa y no es ponerse sus zapatos, empatía es comprender, entender y aceptar.

## LA AMABILIDAD ESTÁ SUBVALORADA

Es muy común escuchar jefes gritando, dando indicaciones, no permitiendo errores, manoteando, incluso degradando e insultando a los demás y, a pesar de ello, continúan en sus puestos porque "dan buenos resultados".

Consideran que es la forma de dirigir, pero no se dan cuenta que ganarían mucho más siendo amables, pidiendo las cosas, ayudando, apoyando y siendo mejores personas.

La amabilidad siempre va a ganar y va a estar por encima de otras reacciones, se puede ser amable y firme a la vez.

Actividades tan sencillas como saludar y despedirse, pedir por favor y dar las gracias, abrir la puerta, ayudar a cargar, preguntar por la familia o la salud y muchas otras pareciera que no son de importancia cuando se hacen, pero es todo lo contrario y, cuando no se hacen, va quedándose clavado en la mente de las personas y van perdiendo la confianza en quien no es amable.

## LA COMUNICACIÓN SINCERA ES UN ALIADO SI SE SABE MANEJAR

Se debe tener un alto nivel de confianza y establecer muy bien el contexto antes de aplicar la comunicación sincera donde se permite a las personas decir lo que piensan sin ofender y sin que el receptor se sienta ofendido.

Veremos en capítulos más adelante algunas tácticas para implementarla, pero es importante mencionar que debe empezar con el líder y ser ejemplo de ello.

No solo de ser específico y claro en su información sino demostrar que puede recibir críticas, evaluarlas y llevarlas a cabo.

Generar este nivel de comunicación es sumamente importante para lograr niveles máximos de creatividad y mejora continua e implica recibir comunicación en público y sabiendo quién emite el comentario, desde evaluaciones 360 con nombre y firma hasta interrumpir una junta para indicar que algo debe cambiarse o está tomando un camino equivocado.

En este punto nos olvidamos de críticas constructivas anónimas y de felicitaciones en público y regaños en privado, de hecho, no hay regaños y podemos prescindir de las evaluaciones de desempeño.

**LA ACTITUD MULTIPLICA**

Una persona con buena actitud y resultados medios e incluso hasta bajos, es preferible a una persona con pésima actitud y resultados excelentes.

Esto es debido a que una persona con buena actitud tendrá mejor disposición para aprender y mejorar, lo cual casi siempre sucede y mejora los resultados del otro tipo de persona.

Varias personas con gran actitud generan una camaradería que fomenta el trabajo en equipo y los resultados, mientras que una sola persona con mala actitud tira por los suelos al equipo, sobre todo cuando esa persona es el jefe, gerente, encargado o dueño.

Desafortunadamente las empresas están llenas de personas pésimas con resultados "excelentes" pero nadie analiza el costo que genera su forma de ser para poder llegar a su meta, horas improductivas, tiempos muertos, desinterés, falta de creatividad, alta rotación de personal, trabajos mediocres o solo por cumplir y un largo etcétera.

Comentaremos a detalle en este libro qué hacer con este tipo de personas, sobre todo los casos radicales y no tiene nada que ver con capacitación, concientización u oportunidades.

**MOSTRAR APRECIO ES UNA FORTALEZA DEL LÍDER**

Este aprecio se da en cualquier momento y circunstancia, ya que, cuando te interesas realmente por las personas, las aprecias, te dan gusto sus logros, sus mejoras, incluso sus buenas noticias en su vida privada fuera de la empresa.

Hace poco tuve una conferencia para una empresa muy grande de telecomunicaciones y mi mensaje final fue "tienen que hacer sentir a las personas que las aprecian, que les importan realmente y que no son un trabajador más ni un número de nómina, eso les dará un gran equipo de trabajo".

Curiosamente nadie tuvo comentarios sobre mi conferencia y por un momento creí que no había tenido eco, pero me informaron que, desde el día siguiente, varios directores comenzaron a acercarse a los miembros de sus equipos, a platicar con ellos, espero se vuelva un hábito y rompan la inercia de las grandes empresas.

El aprecio hacia las personas y ellas hacia las empresas se daba antes de los 80s, cuando cada director y dueño conocía a detalle a cada empleado, comían juntos, platicaban, se comunicaban y se demostraban respeto, es por ello que antes de la búsqueda de maximizar las ganancias, la rotación de personal era baja y la gente llegaba a jubilarse en su único trabajo de la vida.

**LA COMPASIÓN ACOMPAÑA AL LÍDER DE ESTE SIGLO**

Teniendo las habilidades y la sensibilidad humana que caracteriza al líder del siglo XXI es indiscutible que debe ser compasivo.

Esos capataces injustos y crueles que no les importa lo que el personal esté pasando o sufriendo, e incluso, los castigan por su baja productividad o sus errores comenzarán a extinguirse o solo serán reclutados en pequeñas empresas y en negocios de mala calidad o reputación.

Hace poco me tocó ver como un gerente buscaba alternativas para castigar a sus empleados que se encontraban buscando empleo mientras trabajaban en la empresa, usando recursos y horarios de labores. Muchos quizá estarán de acuerdo en que debían hacerlo desde su casa al terminar su trabajo, pero yo no estoy de acuerdo con eso.

De inicio no van a poder conseguir nada por la noche, ni podrán hablar con nadie. Además, es complicado asistir a entrevistas mientras trabajas en otro sitio.

Este capataz debió compadecerse de su gente, comunicarse con ellos desde mucho antes para saber qué era lo que los tenía a disgusto en su empleo como para buscar otro, la culpa de la búsqueda en horario de oficina es del gerente y la empresa, de haber hecho bien su trabajo, el personal no tendría razón alguna para cambiarse.

Sin embargo, les quitó el acceso a internet y les levantó un acta administrativa. Espero sinceramente que esas personas hayan encontrado otro trabajo rápido y con mejores condiciones y ambiente, ese era un desastre.

**LA CONGRUENCIA Y EL EJEMPLO SON LA MEJOR INSPIRACIÓN**

Cuando se cumple lo que se promete, se hace lo que se dice y se predica con el ejemplo, se crea un ambiente de inspiración donde los demás miembros del equipo repetirán las acciones.

Esto es muy sencillo de confirmar, si observamos una empresa cuya operación en un área o departamento determinado es un desastre podremos descubrir sin mucha investigación que la persona a cargo así se maneja, es su mentalidad, es su actitud y es su forma de actuar.

Por el contrario, un área con un buen ambiente, organizada, con buena comunicación, creativa y productiva es el resultado de una persona que se conduce de esa manera y fomenta esas acciones y actitudes en los demás.

Es por ello que es tan difícil corregir a un departamento y sobre todo a un negocio donde la cabeza no lidera, sino que intenta dirigir y de mala forma. Cuando me preguntan ¿Qué hago con un jefe así? Mi respuesta es siempre la misma, salte lo más pronto posible.

El líder es coherente y va más allá de la motivación, inspira a los demás a través del ejemplo y la confianza.

**LOS VALORES NO LOS TIENE COLGADOS EN LA PARED**

En innumerables empresas podemos ver su misión, visión y valores por todos lados adornando pasillos y oficinas, pero realmente son pocos los que entienden y menos los que aplican lo que dicen en esos documentos.

Cuando sucede una situación que involucra a un ejecutivo o a un productivo empleado, los valores son olvidados, la justicia y la ética relegadas y se terminan tomando decisiones que no tienen nada que ver con lo que sus pasillos y oficinas pregonan.

Lo mismo sucede con los premios y reconocimientos como lugares excelentes para trabajar, se llenan formatos, se cumplen listados de requerimientos y se recibe el diploma pagado, cuando la realidad es que los ambientes laborales son malos, los procedimientos son excesivos al grado de micro gerenciar y las políticas abruman a los empleados no permitiéndoles ni un centímetro de creatividad o libre albedrío.

En una ocasión, personal de una empresa me comentó que eran muy interesantes las tácticas de liderazgo pero que las políticas de la empresa no permitían varias de ellas.

Es en esos casos cuando el líder cambia las políticas o aplica su criterio y sus tácticas para demostrar su efectividad con lo que logra que las políticas sean cambiadas.

Una empresa inflexible y poco adaptable tiene visión de corto plazo y sus valores solo adornan las paredes, eso es algo que en los próximos 20 años irá modificándose y deberán adaptarse o desaparecer, quizá en última instancia seguir vivas, pero con muchas dificultades para conseguir talento que las regrese a sus años gloriosos.

El líder del Siglo XXI se hace, puede ir desarrollando estas características conforme va implementando, conociendo a su gente, adaptándose a los cambios, siendo ejemplo e inspirando.

Es un reto que no cualquiera desea tomar, pero para aquellos que desean liderar, serán tachados de idealistas y les dirán muchas veces que esto y aquello no se puede hacer en las empresas, hasta que un día tengan la posibilidad, en una empresa o en su propio negocio, de hacer los cambios e implementar las tácticas de liderazgo. En ese momento será un cambio completo de paradigma y serán quienes marquen el camino en vez de ser seguidores.

El líder del Siglo XXI no requiere cargo o puesto de responsabilidad porque comienza por liderarse a sí mismo, en su actitud, en sus acciones, en sus atenciones a los demás, en su salud, en su mentalidad y en sus relaciones cercanas.

Un líder lo es dentro y fuera de sí mismo, en su casa, en la calle y en su trabajo. Siempre poniendo a las personas como prioridad y dando sin esperar nada a cambio.

Aunque parece ser demasiado para asimilar, realmente las tácticas y herramientas que se necesitan son bastante sencillas para un mundo donde todo lo queremos complicar y todo lo queremos controlar.

Más adelante en el libro te iré platicando como lograr estas características del líder del siglo XXI, pero antes, en el siguiente capítulo, te familiarizarás un poco más con los estilos de liderazgo y cómo se aplican.

## CAPITULO 3

## El Triángulo del Éxito

Como líder debes estar consciente de la importancia que tiene el éxito en la mentalidad de cada miembro del equipo, pero, a diferencia de otros, no estableces los parámetros o métricas unilateralmente sino mediante el conocimiento de lo que es importante para cada uno de ellos.

Por ejemplo, para algunos el éxito puede ser el reconocimiento público de su trabajo, mientras que para otros será una mayor remuneración y otros tantos un tiempo libre de descanso.

No solo se debe establecer el éxito para cada persona conforme a sus requerimientos y necesidades, sino que deben anexare a los logros que, como equipo, definan alcanzar para el bien de su área y de la empresa.

De esta forma se asegura un mejor desempeño y búsqueda de alcanzar los objetivos comunes, pero, una vez que determinas el éxito de cada persona y el éxito grupal, ¿cómo logras que tu equipo lo alcance?

Hay 3 pilares en lo que he llamado el Triángulo del Éxito, sin los cuales, no es posible alcanzarlo o, si se logra, es muy complicado sostenerlo.

Una gran cantidad de personas exitosas en todos los ámbitos culturales, empresariales, deportivos y demás, tienen implementados estos 3 pilares de una forma o de otra, a veces aprendido y a veces intuido.

Hacia donde quieras llegar o llevar a tu equipo, sin importar el tamaño del reto, necesitas a los 3 elementos juntos:

- La mentalidad
- La constancia
- La persistencia

Ahora te explicaré en qué consiste cada uno y porqué debe estar presente.

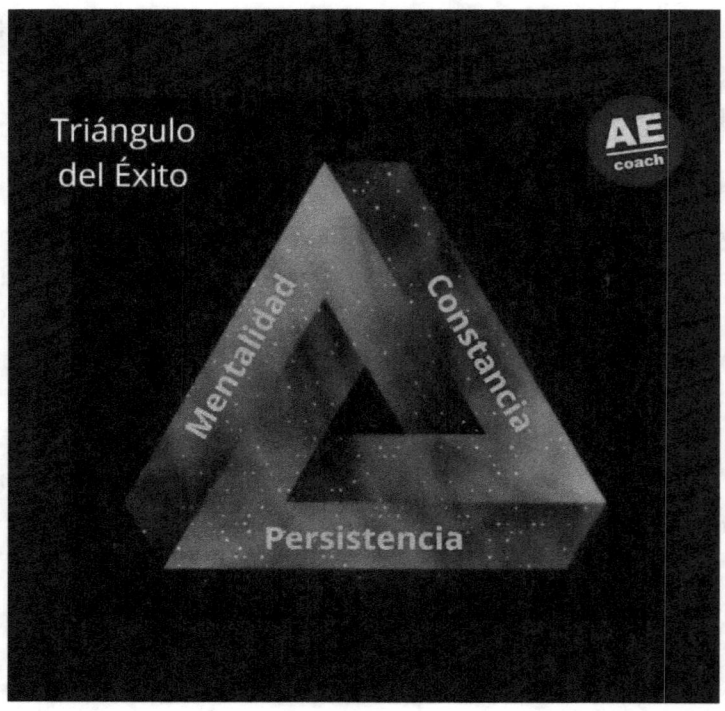

El triángulo es la figura geométrica más resistente y se utiliza en muchas construcciones, pero también es importante como aplicación práctica para el logro de objetivos, metas, sueños y éxitos.

A primera vista parece un tanto lógico que esos tres pilares te darán lo que buscas, pero en la realidad, aplicarlos no es tan sencillo y requiere de mucha disciplina, autoconocimiento y ambición.

## LA MENTALIDAD

Este elemento tiene distintos componentes que permiten estar en el estado mental adecuado para ir en la persecución de tus metas.

El primero de ellos es tener una, o varias metas claras, es decir hacia donde quieres ir, que deseas hacer, cuál es tu sueño o tus sueños, porque no hay razón alguna para limitarse.

Saber lo que queremos lograr nos da un propósito que resulta importante mantener claro y enfocado en los momentos difíciles.

Esa claridad no sucede mágicamente o por haber estudiado una carrera en específica ya sabemos que eso es lo que queremos de por vida, puede tomarte tiempo descubrirlo, adquirir diversas experiencias para saber cuál te interesa más e incluso cambiar de idea en el camino.

Pero lo que es claro es que necesitas un norte, no es indispensable que lo tengas justo ahora, pero te aseguro que cuando lo encuentres lo sabrás.

Esa claridad me llegó a mí hace algunos años, primero en una negación y luego en forma de respuesta a una pregunta.

Durante varios años trabajé en escuelas y empresas dando clases de inglés hasta que me sentí estancado, creía en ese entonces que debía hacer algo más porque había estudiado una carrera y luego una maestría, pero relacionadas a la administración de hoteles y de empresas respectivamente.

Comencé a negarme a seguir impartiendo el idioma y tratar de ayudar a las personas en otros temas relacionados con el desarrollo y el crecimiento personal.

Sin embargo, tenía cuentas que pagar, así que busqué y entré en distintas empresas donde me desempeñaba bien pero siempre me hacía falta algo, además de tener muy clara la visión de cómo debería ser un líder, lo que provocaba que no estuviera de acuerdo con muchas actitudes y procesos.

La vida me regresó al inglés, una y otra vez, siempre generando recursos suficientes, a veces apenas, para pagar las cuentas, pero siempre obteniendo ingresos.

Así que pensé, en algún momento, que era una señal de que debía seguir ese rumbo y fue cuando después de una entrevista de trabajo fallida, sentado en mi coche afuera de la casa, me llegó a la cabeza una pregunta que definió todo lo demás: ¿Qué quiero hacer los próximos 20 años de mi vida?

La pregunta retumbaba en mi cabeza una y otra vez, quiero ayudar a las personas a mejorar en sus trabajos y su vida enseñarles, darles conferencias y cursos, me decía.

Pues ¿hay forma de que mejoren aprendiendo inglés, pero también los otros temas que me gustan? Pues sí, eso funcionaría.

Y fue en ese momento que renuncié a seguir buscando trabajo y comencé de lleno mi vida independiente, retomé clases de inglés, comencé a dar conferencias en universidades locales y entonces me involucré en redes sociales para compartir mi contenido.

Quizá algo de lo que he escrito en ellas te ha traído hasta aquí, al momento exacto donde estoy plasmando y compartiendo contigo la forma en la que encontré lo que quería seguir haciendo por 20 años.

El proceso seguramente será distinto para ti, quizá ya lo sabes o quizá no has tenido esa "revelación", pero es muy importante que la sigas en cuanto te des cuenta, porque esa meta definida te guiará el resto del proceso.

Si no sabes lo que quieres lograr, es fácil frustraste, desesperarse y perderse en el camino.

Ahora bien, ya vimos lo que debes hacer en forma personal, ahora en materia profesional y como lídere de tu equipo lo que debes hacer para generar esa mentalidad es lo siguiente:

Define los objetivos y metas medibles y alcanzables dando a conocer dicha información a todos los involucrados, eso define un propósito y un enfoque, por lo que todos sabrán hacia donde van y la importancia de su trabajo para llegar al resultado.

El segundo componente incluye la conciencia de que eres capaz de lograrlo, ya que si no lo crees no lo lograrás. Es muy importante tener esta mentalidad de confianza que te diga una y otra vez que puedes lograrlo.

Aquí debes incluir el factor del autoconocimiento, saber cuáles son tus fortalezas y tus debilidades, las primeras se pueden afianzar y las segunda reducir, pero debes determinar si es posible y está a tu alcance.

Esto le integra realidad a tu objetivo, conocimiento de tus herramientas y una dosis de humildad para aceptarlo.

Por ejemplo, yo podría tener como objetivo máximo ser el mejor basquetbolista de la NBA y confío en mis capacidades, pero por más que entrene debo estar consciente de que no tengo el talento de un Lebron James o de un Michael Jordan y mucho menos la estatura necesaria.

Mi meta no es real si no considero el autoconocimiento, por más tiempo que entrene y más confianza que tenga en mis habilidades.

Suena bastante obvio y lógico ¿verdad? Pero en una gran cantidad de ocasiones las metas están construidas sin considerar esto y se convierten en castillos en el aire.

Eso lleva, nuevamente, a la frustración, la molestia y la presión constante de que no logramos lo que queremos.

Esto aplicado en tu equipo de trabajo debe realizarse con conocimiento de los miembros de tu equipo, sus fortalezas, conocimientos, anhelos, debilidades, flaquezas y con ello poder lograr que se apoyen entre sí para ser más fuertes juntos.

Que sepan en qué es muy bueno cada miembro y qué necesita mejorar, con lo que podrán complementarse y mejorar la confianza mutua.

Como líder debes poder comunicarte y analizar los puntos destacables de cada persona y brindar el contexto adecuado para que vayan codo con codo, respaldándose y apoyándose unos con otros, conocedores a su vez de sus limitaciones como individuos y como equipo.

El tercer componente tiene que ver con una característica que está muy olvidada en estos tiempos de inmediatez, la paciencia.

Entre mayor sea tu ambición mayor tiene que ser tu paciencia, ya que, aunque existan pocos ejemplos de éxitos en corto tiempo o casi de inmediato, la verdad para el 99.9% de las veces es que se requiere tiempo y para ello se necesita paciencia.

Muchas personas se sienten frustradas y tiran sus metas a la basura porque no las han alcanzado rápidamente, pero solo es el hecho de que todavía no han trabajado el tiempo suficiente, es muy pronto.

Anthony Robbins lo dice muy claramente en sus seminarios, solemos sobreestimar lo que podemos lograr en un año y subestimamos lo que podemos alcanzar en cinco o diez.

Aunque los tres componentes aquí expuestos son muy importantes y tienen que estar presentes, este último de la paciencia es el que gran parte de las personas olvida o minimiza por esa premura de querer tener lo que buscan lo más pronto posible.

Como líder debes coordinar esfuerzos en miras de alcanzar un objetivo, la presión y el estrés por los tiempos es constante, los requerimientos de las posiciones superiores no cesan y no es fácil el manejo de emociones, ni propias ni de las personas a tu cuidado.

Pero al hablar de paciencia dentro de los equipos de trabajo no me refiero a esperar tranquilamente, aunque se acerquen las fechas de entrega, sino a impulsar la fortaleza en tu gente de ser pacientes para lograr sus objetivos personales y profesionales, dentro y fuera de la empresa.

Impulsar acciones y actitudes que reduzcan el estrés y con ello la impaciencia y la frustración, lo cual puede llevarse a cabo si apoyas en todo lo necesario, brindas las herramientas adecuadas y mantienes inspirados a todos mediante comunicación y brindando el ejemplo.

En cuanto al crecimiento profesional dentro de la empresa puedes fomentar este componente mediante un plan de carrera bien aterrizado y que vaya cumpliendo los procesos necesarios.

Comunicarle al personal las acciones, conocimientos y experiencia necesarios para dar el siguiente paso profesional, a la vez que les vas brindando esa información con cursos, prácticas y nuevas responsabilidades, te permite establecer los tiempos claros y mantener una mentalidad paciente.

Las personas sabrán exactamente el tiempo que debe tomar tener una oportunidad de avance y comprender que deben esperar, aun cumpliendo con todo el plan, a que esté disponible la posición.

Pero nada de esto va a funcionar si no vas cumpliendo tu parte del trato en el sentido de ir preparando a las personas para su crecimiento.

LA CONSTANCIA

Con cada paso que das estás más lejos de donde empezaste y más cerca de donde quieres llegar.

Debes avanzar, incluso con pequeños o diminutos pasos cada día, pero no dejar de hacerlo. Lo he visto en incontables ocasiones e incluso en mis propios cursos de habilidades blandas o en mis clases de idiomas.

Decenas y cientos de personas dispuestas a logar algo, comienzan con gran ánimo, van avanzando y algunos logran metas intermedias, pero dejan de ser constantes.

Va muy de la mano con el tercer elemento, pero es muy claro que la disciplina que se adquiere mediante la constancia puede superar al talento y al conocimiento.

Mientras más constante eres, te vuelves más talentoso y adquieres mayor conocimiento porque estás tomando acción y eso siempre supera a quienes no hacen más que confiar en su talento o en sus conocimientos, pero se quedan sentados esperando que algo suceda para aplicarlos.

La constancia debe también unida a la paciencia ya que muchas veces querer logros inmediatos evita que las personas se temen el tiempo necesario para dominar algo.

Lo que hacían Michael Jordan y Michael Phelps en sus respectivas disciplinas era aplicar este elemento en sus entrenamientos, lo cual les dio grandes logros.

No solo asistían a todos sus entrenamientos, sino que se quedaban después de ellos a seguir practicando, una y otra vez, por semanas, por meses, incluso en las temporadas de descanso en sus deportes.

Eran constantes y esa constancia crea disciplina y esa disciplina genera resultados. El problema es que la mayoría no está dispuesta a realizar las acciones necesarias para generarlos.

Si estudias un idioma y lo haces de esta manera, sin fallar, asistiendo a la gran mayoría de tus clases, dependiendo de tu tiempo y dedicación, en un año o un poco más habrás aprendido ese idioma y podrás comunicarte.

Esto sucede con todas las disciplinas, habilidades y objetivos, si das un paso tras otro vas a llegar irremediablemente.

La forma de aplicar esto en los equipos que lideras es haciendo hincapié en la importancia trascendental de ir avanzando, aunque sean pequeños movimientos cada vez, pero siempre continuar.

Los objetivos a corto plazo e intermedios permiten ir midiendo ese avance y además sirven de inspiración y motivación para todos, siempre que no generen mayor estrés y ansiedad por cumplirlos, deben tener cierta flexibilidad y recordar que lo más importante es la constancia para llegar al fin programado.

LA PERSISTENCIA

Seguramente más de una vez has encontrado una razón válida para dejar de hacer algo o detenerte en el camino que venías avanzando.

Falta de tiempo, menos dinero, cambio de trabajo o de ciudad, nuevas responsabilidades, aumento de trabajo y un sinfín más.

De manera casi permanente, nuestra mente busca pretextos para no hacer o no seguir haciendo las cosas y por ello es importante tener metas a corto plazo que vayas alcanzando para mantenerte en ese ritmo y no sucumbir ante a tentación de claudicar bajo cualquier excusa.

Puedes cambiar de meta, lo cual es muy válido, pero debes seguir el mismo proceso para alcanzarla. El tema es cuando sabes que debes, te conviene o te ayudará lograr algo y ante cualquier cambio externo dejas de persistir.

La persistencia es este pegamento que mantiene unidas a la mentalidad y la constancia, porque siempre habrá problemas y siempre habrá tropiezos y dificultades, sin embargo, mantener el enfoque en lo que buscas te permitirá continuar a pesar de todas las posibilidades de hacer lo contrario.

La forma más efectiva de esto es visualizar con regularidad cómo va a cambiar tu vida o tu entorno cuando completes esta misión, si la visualización es suficientemente poderosa en tu interior no habrá manera de que dejes de insistir.

Imagínate con regularidad como si ya hubieras alcanzado tu meta, ¿qué estarás haciendo? ¿cómo se siente? ¿cómo se ve?

Dentro de tu trabajo apoya a los miembros de tu equipo a hacer lo mismo, tanto en sus proyectos personales como en los que tienen en común. Visualicen y hagan ejercicios de comentarios sobre ¿qué harán y cómo se sentirán al alcanzar el objetivo planteado?

Lo que ha llevado a muchos inventores a lograr avances que parecían imposibles ha sido la aplicación de los 3 elementos mencionados.

Por ejemplo, Thoma Edison sabía que podía encontrar una solución al uso de las velas creando un foco con electricidad, conocía y confiaba en sus capacidades, fue constante hasta lograr su meta y fue muy persistente pues falló en 999 veces.

Muchos dicen que si se hubiera rendido en alguna de esas ocasiones la historia sería distinta, yo creo que solo cambiaría el nombre del descubridor o creador del foco, alguien más hubiera sido más persistente y lo habría logrado.

Cuando los hermanos Wright decidieron que fabricarían una máquina que pudiera volar aplicaron el Triángulo del Éxito, a pesar de no tener recursos económicos, ni apoyo de la prensa, ni los mejores materiales o a los grandes científicos.

A pesar de ello y teniendo competencia con alguien que tenía todos los recursos a su alcance, ellos tuvieron la mentalidad correcta, la constancia y la persistencia para construir el primer avión que cambiaría para siempre la historia de la humanidad.

## CAPITULO 4

## Recursos Humanos como 2º al mando

En la inmensa mayoría de las empresas, el área o departamento de Recursos Humanos es solo parte del organigrama. Una sección que se relaciona con todos, pero no tiene verdadera injerencia en ninguno.

Cuando hay un problema en la cadena de mando por alguna actitud inadecuada de un jefe o gerente se llegan a hacer recomendaciones, pero no pasa nada más, pero cuando la falta es de algún empleado de menor rango, se aplican sanciones, actas administrativas y hasta despidos.

Cuando se busca capacitar al personal conforme los requerimientos de cada área y se programan cursos, muchos departamentos anotan a miembros de sus equipos, pero no los dejan asistir, no hay una verdadera programación ni compromiso para cumplir los tiempos de capacitación, la operación los consume y no pasa nada, Recursos Humanos tiene que reprogramar cuantas veces sea necesario.

Cuando el ambiente laboral es difícil y la tasa de rotación sube o simplemente no baja, el departamento de personal poco puede hacer para cambiar la situación y solo interviene en algún caso más grave como acoso o agresiones.

Cuando la empresa debe ajustar costos para solventar sus gastos y se decide desde la dirección recortar personal o enviarlos de descanso "solidario" sin pago de sueldo, incluso con los aumentos de salario o aumento de prestaciones, el departamento poco puede opinar y mucho menos oponerse a cualquier acción que afecte a los trabajadores, debe seguir los lineamientos de dirección y finanzas.

Todo esto se da en empresas que no ponen en primer lugar a su personal, que no han hecho el análisis a conciencia de que todo lo bueno que sucede es debido al personal y todo lo malo es consecuencia del trato al mismo.

Desafortunadamente, buscar cambiar la mentalidad sobre las funciones principales de Recursos Humanos es una tarea titánica, tanto para la dirección de la empresa como para los integrantes de dicha área.

La forma más eficiente que he encontrado para lograr que sea 1º El Personal se da a través de brindarle al departamento la posición correcta en el organigrama, el 2º al mando.

Donde ninguna decisión de la empresa puede llevarse a cabo si RRHH no ha autorizado después de un análisis de las ventajas y desventajas que tendrá el personal, incluso si Finanzas lo recomienda.

Donde ningún jefe o gerente puede estar por encima del departamento de personal o llevar a su área como mejor entienda o guste, incluyendo el ambiente laboral y la rotación.

Donde no hay nada más importante que el bienestar del personal a través de cursos y planes de carrera efectivos, donde escuchar y resolver los requerimientos que tengan y de brindar el apoyo y las herramientas para que realicen mejor su trabajo es una prioridad, donde se busque que sean más felices y estén más a gusto.

¿Suena utópico? Sé que puede parecerlo, pero hablemos de un ejemplo donde el director de una empresa tenía muy en clara la importancia de su gente.

Al tomar las riendas de la misma, se le informó que tenían un problema bastante grave de costos y que debían despedir a cientos de personas para sobrevivir. Sin embargo, su postura era que RRHH era lo más importante y por ello elaboraron un plan en conjunto.

Para ahorrar recursos y salir de la crisis, durante un año cada empleado, desde el director hasta el puesto de menor rango, dejarían de asistir y de cobrar su sueldo por 7 días, podían ser juntos o en partes.

Esto permitiría solventar los gastos y recuperarse al año siguiente. Convencido que las empresas deben contar corazones y no cabezas, puso manos a la obra.

Si propuesta recibió tan buena respuesta que logró algo insospechado, las personas en posiciones que ganaban más le fueron pidiendo a quienes ganaban menos que les cedieran algunos de sus días, así ellos se iban 10 o 12 días y la persona con quien cambiaban solo se iba de 2 a 4.

Esto causó una bola de nieve que, al final del año, se había traducido en ahorros tres veces superiores a lo estimado, con lo que no solamente salieron adelante, sino que pudieron crecer y contratar a más personal.

Pero nada de esto es posible sin la organización de un RRHH con el suficiente poder de decisión sobre las actividades de la empresa y sus departamentos, alguien debe organizar el juego.

Algunas personas me han dicho que no es posible poner a RRHH como 2º al mando pues no saben dirigir una empresa ni pueden decirle cómo trabajar a otras áreas, eso es un error.

Es cierto que no tienen conocimiento o experiencia para la operación o la dirección general, pero son los más capacitados para crear los ambientes laborales, contextos adecuados, condiciones y formas de trabajo con el recurso más importante de toda empresa que son las personas.

El dinero no mueve al negocio, los muebles no mueven a la empresa, la papelería o los anuncios no hacen nada por sí mismos, se necesita del ser humano, de sus conocimientos, sus capacidades, su experiencia y su manera de relacionarse en grupo y con otros, sin el personal, las empresas solo tienen objetos inanimados que no hacen nada ni producen nada ni logran nada.

Un RRHH con el suficiente poder de decisión cambia el aspecto y la forma de trabajo, puede corregir y evitar malas prácticas, pero ayuda en la atención y el cuidado del personal, que es, a final de cuentas, el enfoque de las empresas hacia los próximos años.

Si no tenemos la capacidad de visualizar todo el potencial que se tiene, seguiremos usando a sus miembros de RRHH como simples proveedores internos de personas, organizadores de fiestas de cumpleaños y responsables de trámites, restándole valor y quitándole la enorme posibilidad de apoyar en los cambios necesarios para diferenciarse, crecer y ser reconocidos a tal grado que las personas quieran trabajar ahí.

Hay mucho que hacer en términos de reclutamiento y selección, de capacitación, de comunicación, de evaluación y de muchas otras actividades, pero si no se realiza un cambio de fondo no se podrán superar procesos y mentalidades que mantienen sus capacidades muy por debajo de su potencial.

RRHH como 2º al mando es una de las formas de llevar a las empresas hacia la competencia que tenemos por delante, donde no solo compiten por el mejor talento, sino que deben ser atractivas para las personas, pues el internet ha logrado que muchas personas prefieran crear su propio trabajo.

La gran renuncia donde las personas ya no desean seguir trabajando bajo las mismas condiciones y la vacante vacía donde ni siquiera se postulan o no asisten a entrevistas son un claro ejemplo que ahora hay más opciones, ahora las empresas deben ser atractivas, no solo en sueldos y beneficios sino en trato, en ambiente laboral, en desarrollo y crecimiento para su personal.

RRHH con la capacidad y la autorización de crear ambientes atractivos es una de las principales fuerzas que deben aprovecharse para atraer el talento, para dar a conocer que en la empresa se les escucha, se les respeta, se les atiende y se trabaja para ellos.

Estos conceptos son los que están formándose en las mentes jóvenes, y no tan jóvenes, que buscan lugares donde desarrollarse y donde aportar, no solo espacios para recibir órdenes y seguir rutinas.

La fortaleza o debilidad de una empresa depende de las mismas características de su área de RRHH. Si es débil, cualquiera hará lo que quiera con el personal y sacrificará el tiempo y la salud de las personas para alcanzar las metas y mantenerse en el puesto.

Cuando es fuerte, no hay posibilidad de tener personas que vulneren o se comporten en formas inadecuadas, simplemente no tienen lugar en la empresa.

Bien estructurado y con el apoyo de la dirección, un departamento de RRHH es el mejor aliado para la toma de decisiones y el desarrollo del entorno de la empresa. En este punto quizá pienses que solo hay que ordenar mejor al departamento y no darle la segunda posición de la empresa, sin embargo, su influencia sobre otras áreas para la correcta gestión del personal solo funcionará con un mayor nivel de responsabilidad y de decisión.

Hay mucho que arreglar, actualmente si un jefe o gerente acosa, humilla o simplemente trata mal a un empleado, es difícil que tenga alguna consecuencia, con una posición mayor RRHH puede tomar acción e incluso despedir a esa persona.

Lo mismo con los planes de carrera, cursos de capacitación y acciones para mejorar el ambiente laboral, si se deja a cada departamento, sin un apoyo y dirección, terminarán siendo absorbidos por la operación y, para evitar que se use el pretexto de que es más importante la operación y con ello seguir permitiendo que los jefes de área no desarrollen habilidades de organización, debe existir este nivel en la cadena de mando que impida a otros departamentos brincarse las trancas.

Ahora, lo más complicado es preparar al personal de RRHH para tomar el mando, porque, honestamente, no están preparados todavía. Hay muchos procesos que se hacen de manera equivocada, con falta de atención, siguiendo direcciones poco claras o éticas y no abogando por el bienestar de los empleados.

Algunos todavía creen que están para cuidar los intereses de la empresa, pero no han dimensionado que eso se logra desarrollando, respetando y apoyando al personal, porque son ellos quienes hacen funcionar al negocio cada día.

Es claro que la mentalidad, los procesos y los sesgos actuales, desde el reclutamiento hasta la desvinculación y todos los procesos intermedios requieren una revisión y cambio de fondo, no de forma. Para ello se necesita encontrar a un CHO (Chief of Hearts Officer), un jefe de corazones, que comprenda la importancia y trascendencia de su cargo, que tome las riendas y reestructure para lograr brindar seguridad laboral, económica y psicológica a cada empleado para que decidan quedarse y sean más productivos.

RRHH debe pasar de ser un área más, incluso más que un socio estratégico, debe convertirse en quien maneje los hilos del talento.

Hay una empresa en New Jersey, de un hijo de migrantes rusos que trabajaron arduamente para poner una licorería, el hijo Gary Vaynerchuk es ahora CEO de Vayner Media, una empresa de mercadotecnia con oficinas en 5 países y más de 2,000 empleados.

Desde el inicio, su visión fue tener un negocio que diera seguridad y felicidad a sus empleados, por eso asignó una CHO, que puede decidir si una decisión, idea, proceso o proyecto es realizable en cuanto a los beneficios para el personal.

Si alguna determinación afectará negativamente a los empleados, no se realiza, aun teniendo desacuerdos con el CEO y el CFO (el de finanzas), ya que todos respetan el trabajo que realiza.

Lograr esto no es fácil, se requiere de un gran liderazgo de la cabeza que se refleje en la cultura organizacional y una muy clara visión de quien se encargará del puesto, así como de gran compromiso y compresión del resto de los directores y gerentes.

¿Cómo se ajusta esto a la idiosincrasia y cultura mexicana?

En el primer capítulo mencioné que los mexicanos buscamos una guía a través de un tipo de autoridad formal, desafortunadamente, la falta de habilidades de los líderes en las empresas provoca un descontento hacia el trabajo y la empresa.

Así mismo, tenemos un alto respeto por la familia, la seguridad que otorga y el sentido de pertenencia.

Un CHO con una clara visión como la que he descrito anteriormente, podrá conjuntar los elementos que brinden una guía adecuada en cada departamento, además de la seguridad que permitirá a las personas que se sientan como en casa.

Con esto, se estarán cumpliendo varios aspectos importantes que son característicos en nuestra forma de pensar y actuar como sociedad.

Lograr que RRHH tome su papel como 2º al mando es una tarea que requiere varios cambios de mentalidad y de forma de operar empresas, pero indudablemente es un paso en la dirección correcta y los beneficios no solo son tangibles, sino que permiten sortear dificultades y mantenerse por mucho más tiempo en operación.

Nadie es infalible, ningún líder está exento de equivocaciones, por eso el respaldo a un nivel directivo en la gestión de talento es sumamente importante.

Si tienes contemplado realizar este cambio, analiza todos tus procesos y estructuras, considera los movimientos que serán necesarios y pon manos a la obra, dando la autoridad que se requiere para que funcione.

En los capítulos siguientes te estaré comentando varias tácticas y herramientas que pueden ser implementadas y supervisadas por RRHH en el desarrollo de los líderes de tu empresa con este nuevo e importante rol.

## CAPITULO 5

## La Pirámide de los Patrones Empresariales

Así como las personas tenemos hábitos que podemos definir como patrones de conducta basados en nuestras experiencias y decisiones, que también se llevan al terreno laboral.

Nuestra forma de pensar tiene como consecuencia nuestra forma de actuar y por tanto creamos patrones de comportamiento que ayudan o perjudican nuestros resultados.

Esta forma de proceder crea patrones empresariales, formas de tomar decisiones y acciones en la empresa de forma general y acorde con los lineamientos reales creados, no con los valores que la organización pregona.

A lo largo de mis 24 años de trayectoria como consultor de empresas, he tenido la oportunidad de trabajar codo a codo con empresarios de diferentes giros y tamaños, hacerles diagnósticos integrales y determinar acciones para mejorar. Pero para lograr eso necesitaba encontrar los patrones que seguían y detectar sus causas reales, no lo que ellos creían.

En muchas ocasiones los empresarios consideraron que el problema estaba en una parte y la realidad es que provenía de otra, pero no se daban cuenta y por eso no podían solucionarlo.

A esos distintos patrones los he clasificados en 3 grandes grupos para formar la Pirámide de Patrones Empresariales. Esos grupos son:

1. Políticas y procedimientos
2. Habilidades y experiencia
3. Liderazgo y cultura organizacional

Todas las situaciones, conflictos, problemas y oportunidades entran en uno de ellos.

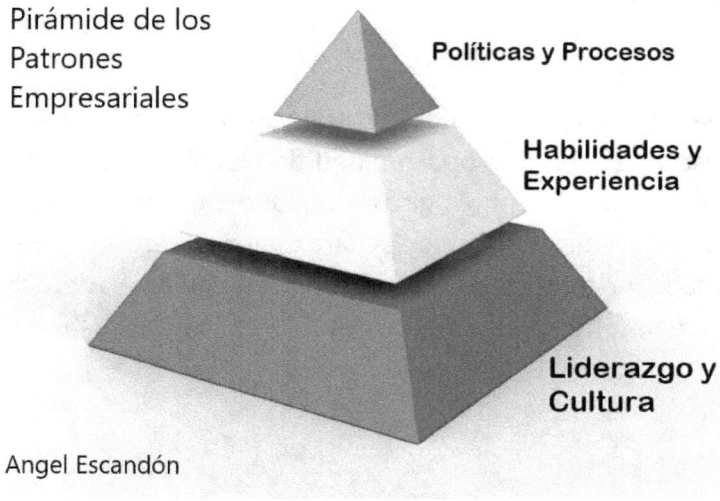

En el grupo de políticas y procedimientos entran la mayoría de los casos cuando no se investigan correctamente las causas y se cree que siendo más estrictos o creando nuevos controles se resolverá.

En realidad, solo están abriendo un hoyo más grande porque las verdaderas causas son las que originan que haya políticas y procedimientos inadecuados.

Por ejemplo, tener alta rotación de personal se quiere solucionar con nuevas ideas de salario emocional, pero se mantienen los mismos controles, actitudes y personas que provocan que la gente quiera irse, eso es querer resolver un problema de procesos con otro proceso, solo vas parchando y creando un Frankenstein donde todo queda enredado.

Pero este grupo puede tener errores o usarse en exceso, si revisamos y analizamos adecuadamente podremos ver que la problemática surge de los otros niveles y se refleja en este.

Las políticas y procedimientos usualmente son la prueba escrita de los patrones empresariales implementados por directivos y gerentes, buenos o malos.

El segundo grupo incluye las habilidades y experiencia pues suele ser común ascender o contratar personas para puestos de responsabilidad que no cuentan con las habilidades necesarias, ni duras ni blandas, mucho menos la experiencia.

Esto se debe a que muchas empresas prefieren pagar sueldos menores que solamente son aceptados por jóvenes con pocos años en el mercado laboral y que, para muchos, será su primera experiencia "liderando" un área.

Cuando no desarrollas a tu personal y no lo capacitas, pero le exiges resultados, estás creando una presión creciente que se ve reflejada en los resultados y que puede generar muchos errores y problemas.

Este grupo es causante de las situaciones que suceden en tu organización en un alto porcentaje pues se requieren ciertas habilidades y conocimientos, así como la actitud correcta, para poder hacer frente a los desafíos diarios.

No estoy diciendo que no se pueda dar la oportunidad a gente con mucho ánimo y talento para que vaya forjando su carrera, pero si vas a hacer eso debes formarlos.

Un gran error de muchas empresas es no preparar a su personal para ocupar el siguiente nivel, solo algunos buscan lograr que hagan mejor su trabajo actual, entonces cuando necesitan a alguien en un cargo de responsabilidad tienen que buscarlo afuera porque no se han tomado el tiempo de desarrollarlo desde adentro.

La experiencia es la que te indica cómo puedes hacer las cosas mejor y más fácilmente, siempre y cuando lo hayas hecho bien, porque de nada sirve tener varios años trabajando de forma equivocada.

Y quizá aquí varios jóvenes no estarán de acuerdo, pero la experiencia sí es un importante determinante a la hora de resolver y tomar decisiones en forma ágil y efectiva. Normalmente si presentas un problema a un joven con 5 años de experiencia y a una persona con 25 años de experiencia, este último tendrá una mejor solución, porque ya sabe por dónde, ya lo vivió.

El tercer grupo es el más importante, el liderazgo y la cultura organizacional porque nada sucede o deja de suceder en la organización sin que sea permitido o limitado por este grupo.

Los patrones empresariales en este nivel son los más arraigados y poderosos porque vienen desde la cabeza, desde como toma decisiones, cómo trata al personal y cómo permite que se hagan las cosas.

Si tomamos un problema o situación específico y le vamos jalando el hilo para ver donde comienza, en repetidas ocasiones llegaremos hasta la dirección, a su forma de penar, de actuar, de dirigir, porque ese pensamiento crea y permite una cultura organizacional eficiente o defectuosa.

En infinidad de ocasiones se cometen atropellos y equivocaciones porque son permitidos desde a máxima autoridad, si hay una mala práctica de presionar y hostigar al personal que ya no se desea que trabaje en la empresa para que renuncie, esto está autorizado desde arriba o tiene un grave problema de comunicación y confianza que no se entera de este tipo de arbitrariedades.

En tu organización debes definir, si eres la cabeza, si tus decisiones o falta de ellas, acciones o falta de ellas, están repercutiendo en la cultura organizacional y por tanto en los otros niveles de los patrones que se siguen diariamente.

Es un análisis que no puedes hacer por tu cuenta porque resta objetividad, pero puedes pedirles a tus empleados que de manera honesta y abierta te den su opinión de tu gestión y con ello podrás darte una idea.

Aún si estás al frente de un área, departamento o equipo puedes hacer lo mismo, ya que cada sección de la empresa implementa la cultura y/o se inventa otra acorde con la misma interacción de sus miembros.

Cuando tengas una situación de resolver hazte preguntas:

¿De dónde viene esta situación?

¿Qué la está generando realmente?

¿Es un error en la aplicación de una política o de un procedimiento?

¿Hay que modificar el proceso?

¿Es una falta o mala aplicación de habilidades o experiencia?

¿Existe la posibilidad de que sea originado por el liderazgo o la cultura?

Ve hasta el fondo con las preguntas y cuestiona qué haces o has dejado de hacer que pudiera provocar esa situación, antes de culpar a otros.

Y una vez que hayas hecho eso pregúntate:

¿Qué puedo hacer para mejorarlo o cambiarlo?

¿Qué acciones puedo implementar para corregirlo?

Si te das cuenta hacemos las preguntas desde el nivel del grupo de liderazgo y cultura empresarial, después de ello podemos hacerlas para el siguiente nivel, por ejemplo:

¿Qué habilidades tengo o tiene mi equipo y cuales nos faltan para responder de mejor manera?

¿Cómo podemos mejorar e incrementar nuestra experiencia?

¿De qué manera vamos a adquirir lo que necesitamos?

Y finalmente puede entrar al nivel del grupo de políticas y procedimientos, ya tienes las causas y estás tomando acciones en los otros 2 niveles, así que es momento que cuestiones:

¿Es correcta la forma en la que está definida la política o procedimiento?

¿Hay forma de modificar para que sea más eficiente?

¿Requiere verdaderamente un cambio o incluso su eliminación?

Las empresas son dinámicas y constantemente tienen asuntos que resolver, cada día puede ser algo diferente, pero recuerda que la forma en la que se afrontan y resuelven proviene de los patrones empresariales implementados.

Podrás notar, con este tipo de revisiones y cuestionamientos, que algunos patrones empresariales ni siquiera son oficiales o no son los que la empresa esperaría que estuvieran implementados, por lo que debes tomar cartas en el asunto.

Revisa, cuestiona y mantén una mente de mejora continua para que puedas descubrir las causas y se implementen las correcciones en uno o varios de los niveles de la pirámide.

## CAPITULO 6

## Tácticas de Liderazgo

Ya hemos visto las características que tiene un líder del siglo XXI, por eso en este capítulo nos vamos a concentrar realmente en lo que son las tácticas para lograr ese liderazgo.

Debemos tener en claro que un líder en la actualidad debe estar atento en cumplir y cubrir los motivadores y ayudar al personal a hacer su trabajo de una mejor manera, así como sentirse más seguros, más tranquilos y más felices con su labor diaria.

Por lo tanto, la primera premisa y de donde proviene toda la mentalidad del líder del siglo XXI es que trabaja para su personal y no al revés.

Este concepto conlleva un cambio de actitud y de mentalidad, lo cual no es fácil de lograr ni inmediato. Sin embargo, existen pruebas suficientes y estudios que demuestran que este simple cambio en la forma de trabajar genera grandes beneficios para todos los involucrados.

Las tácticas que te voy a dar a continuación permiten al líder mejorar el ambiente laboral, la comunicación, la confianza y el trabajo en equipo, por eso es importante aplicarlas de una manera constante y persistente tal como lo platicamos en el capítulo del Triángulo del Éxito.

**1. Revisa constantemente las acciones que puedes mejorar.**

Tu labor como líder es analizar y reflexionar cuáles son aquellas acciones y estrategias que puedes implementar para mejorar la calidad de trabajo de tu personal. Esto permite que todos los días o de una manera muy frecuente estés considerando nuevas formas de ayudar al equipo a ser más productivo y desarrollar una mejor labor.

Si detectas la posibilidad de mejorar en algún área o desarrollar alguna habilidad que le permita a los miembros de tu equipo obtener mejores resultados entonces estarás realizando una mejora continua preocupado por el bienestar de las personas a tu cuidado.

Para que tengas éxito en tu labor al frente de un área, un departamento o una empresa debes comprender y tener la disposición de hacer tu trabajo y estar al pendiente de mejorar el trabajo de los demás. En la medida que logres una mayor satisfacción laboral, mayor sentido de pertenencia y de seguridad en tu personal, tu trabajo será menos pesado y muchos problemas serán resueltos antes, debido a que has sentado las bases y el contexto adecuado para que las personas hagan mejor sus actividades.

## 2. Elabora un cronograma para reuniones individuales con cada miembro de tu equipo.

En tus funciones debes organizar el tiempo para reunirte informalmente, al menos una vez al mes, con cada miembro del equipo. En un principio puedes incluir temas como su satisfacción laboral el ambiente en el que trabajan y sus propuestas de mejora.

Conforme tengas estas reuniones de manera recurrente podrás ir obteniendo información muy valiosa tanto para la empresa, mejora del equipo y para el crecimiento de la organización. Lo importante es que le hagas saber al personal que estás ahí para ayudarlos, que estás ahí para trabajar para ellos y que pueden contar contigo. Esto irá acrecentando la confianza que tienen en ti y podrás tener varias ideas para apoyarlos y mejorar su entorno.

No importa si tienes a tu cuidado 1, 5, 100 o 500 personas, esta actividad es sumamente importante, pero si eres el dueño o gerente general de una gran empresa y no puedes, por cuestiones de tiempo, platicar con cada uno de los empleados entonces debes hacerlo con cada uno de tus gerentes o directores.

Además, debes enseñarles a realizar la misma estrategia con cada supervisor o con cada miembro de sus equipos. Así estarás asegurando que la estrategia se aplique en toda la empresa.

Es conocido que el dueño de la empresa Yakult, Carlos Kasuga, se tomaba una noche al mes para irse a cenar a la casa de uno de los empleados de su fábrica. Al azar él elegía a una persona saliendo del trabajo y le decía que lo acompañaría a su casa a cenar, qué pasarían por el camino a comprar algo para su familia y así poder conocerlos y saludarlos.

Esto le permitió conocer a muchas personas que trabajaban en su empresa, saber cuál era su situación real, cuáles eran sus sueños, cuáles eran sus planes y sus propuestas para la empresa, así él podía tomar mejores decisiones en favor de los empleados de la misma.

Conocer a cada empleado más allá de la relación laboral te permite tener una visión mucho más amplia de lo que sucede, qué piensan, de cómo reaccionan, y de cómo deciden al momento de estar trabajando.

### 3. Deja la oficina con frecuencia

En una ocasión, el gerente general de un hotel donde yo trabajaba como gerente de recursos humanos y capacitación, y donde se me había contratado para crear el departamento desde cero, me llamó a su oficina para hacerme dos preguntas: la primera de ellas ¿por qué nunca me podía encontrar en mi oficina? y me entregó un radio para localizarme en el momento que me requiriera, y la segunda ¿cómo era posible que yo me enterara primero de los comentarios, los chismes y las situaciones que sucedían en el hotel antes que él siendo el gerente general.

En ese momento le respondí que a mí me había contratado para gestionar al personal, para gestionar el talento del hotel y no para gestionar un escritorio y una computadora, por lo tanto, mi trabajo era estar el 80% de mi tiempo con el personal viendo sus requerimientos y sus necesidades o capacitándolos y el 20% restante en trabajo administrativo y llamadas telefónicas.

Esta misma actividad, dejar mi oficina la mayor parte del tiempo, me permitió tener un nivel de confianza con las personas al grado de recibir sus noticias, sus dudas, sus preguntas e incluso sus situaciones personales. Con esto en mente lo invité a que intentara realizar la misma acción ya que a él lo conocían, pero de una manera mucho más superficial.

En otra ocasión, para mostrarle la importancia de estar en contacto con la gente que trabaja en la empresa, y aprovechando que había diferentes comentarios y quejas sobre la comida que se servía en el comedor de empleados, dónde se hablaba de la falta de sabor, de un menú poco variado, de una repetición constante de los mismos platillos e incluso de recibir comida fría, lo invité a que se acercara al comedor y tomara sus tres alimentos ahí en lugar de hacerlo en el restaurante del hotel asignado para los huéspedes.

Me quedaba completamente claro que él debía de cuidar la imagen, el servicio y la calidad de los alimentos que se le ofrecían a los clientes, sin embargo, siendo el gerente general también era su responsabilidad cuidar lo mismo que se les entregaba a los empleados en sus horas de alimentos.

Estuvo una semana probando los menús, recibiendo retroalimentación directa de las personas que se encontraban ahí y de los cocineros del área, con lo cual obtuvo la información suficiente para mejorar la oferta de platillos, mejorar los tiempos y, además, ayudar a que los cocineros pudieran hacer mejor su trabajo.

Esto permitió que desaparecieran las quejas, que los empleados dejaran de acusar a los cocineros y los cocineros a los empleados y todos quedaron felices y fascinados, incluso el personal de cocina, quien venía sintiendo que no se le escuchaba cuando se solicitaban requerimientos o apoyo para mejorar su trabajo.

Con esto deseo demostrarte que estar fuera de tu oficina te puede dar mucha más información relevante que cualquier encuesta de clima organizacional, que cualquier registro, que cualquier documento, que cualquier análisis numérico.

No digo que esa información no sea valiosa, pero debe estar respaldada por una realidad palpable y que hayas experimentado de primera mano.

Quizá no te sea posible dejar tu oficina en un 80% del tiempo, pero entonces asigna un día a la semana para trabajar fuera de ella, lo puedes hacer en un día que te lleves tu computadora y te sientes en la oficina o en el escritorio de alguien de tu equipo y ahí hagas tu labor, al mismo tiempo que estás observando cómo se están realizando las actividades y estás ayudando y dándote cuenta en qué puedes apoyar para mejorar.

La siguiente semana designa un día para no trabajar en nada administrativo, únicamente alguna urgencia que surja en el momento, pero dedícate a estar con una persona de tu equipo y trabajar codo a codo, incluso pregúntale, es el momento para preguntar qué recomienda para que se hagan mejor las cosas, para que esté más contento con su trabajo, para que sea más rápido, para quedarse en la empresa mucho tiempo y cualquier otra pregunta que te pueda ayudar a resolver los conflictos de esa posición y apoyar a las personas.

Además, no solamente observes lo que están haciendo, hazlo, así te darás cuenta y comprenderás la dificultad, los tropiezos y las barreras a las que se enfrentan, es la mejor manera de tomar decisiones para agilizar los procesos.

Esta táctica es como un jefe encubierto, pero no necesitas disfrazarte, no necesitas ir de incógnito, lo que necesitas es demostrar que no los estás vigilando, que estás trabajando para ellos y estás buscando mejores prácticas, mejores procesos y maneras de ayudarles en su labor diaria.

**4. Escucha atentamente y habla al final**

Ya sea en una reunión, en una plática o en cualquier situación como una junta, el líder debe permitir al equipo hablar, aunque ya tenga una respuesta o una decisión tomada, lo primero que debe hacer es sentarse a escuchar.

Cuando la persona que dirige la reunión comienza dando una introducción, hablando sobre el tema y sobre la decisión tomada o las posibles decisiones para después solicitar sugerencias o ideas, la realidad es que ya ha cerrado la comunicación y las personas consideran que ya es un tema al cual ya no se necesita aportar porque ya se tiene una decisión tomada.

Entonces el líder lo que debe hacer es llegar a la reunión, quizá presentar el tema de la misma y dejar que las personas hablen, pedirles sus opiniones, sus ideas, sus consejos sin que él o ella hayan emitido ninguna información o ninguna respuesta.

Esto le va a permitir obtener mucha información que de otra manera sería muy difícil conseguir y, por ende, le puede dar una visión mucho más amplia sobre la situación e incluso puede ayudar a tomar una mejor decisión, sea que se mantenga o que se pueda cambiar.

Al final de la reunión es cuando el líder toma la palabra y considera todos los puntos de vista que ha recibido para poder delegar actividades, poder establecer estrategias e incluso tomar la decisión final.

Si tú eres el primero en hablar cuando deberías ser el último entonces no estás liderando, estás dirigiendo o gerenciando, y, en algunos casos, eso puede reducir la comunicación y la creatividad.

Entonces la próxima vez que te reúnas con alguien recuerda escuchar primero y hablar hasta el final, pero teniendo una actitud abierta de considerar los puntos de vista y las ideas que escuches.

**5. Celebra los logros, pero también los acontecimientos personales**

Hay una idea muy generalizada entre las empresas y entre los líderes, los gerentes, los supervisores, los coordinadores y todo aquel que tenga a un equipo de trabajo, de corregir en privado y felicitar en público.

Aunque es bueno, no se aplica de una manera constante y a veces ni siquiera correcta. La retroalimentación positiva es muy importante para lograr una motivación y un sentido de pertenencia, por ello debes siempre estar buscando los aspectos positivos y los logros, por más pequeños que sean, para celebrarlos y reconocerlos.

El reconocimiento positivo constante ayuda a un mejor ambiente laboral y suma para lograr equipos productivos y personal feliz en su trabajo. Pero esta técnica no incluye solamente las actividades laborales, al conocer a tu personal tendrás la información no solo de su cumpleaños y su aniversario de trabajo, sino también de sus fechas importantes cómo los cumpleaños de su pareja, hijos, las fechas de graduación, de bodas y otras que son importantes en la vida de cada persona.

Estos datos te permiten personalizar la atención que tengas con los miembros de tu equipo y, sumado a sus motivadores, a sus gustos, a sus preferencias, pasatiempos y demás, podrás establecer experiencias extraordinarias para cada uno de ellos.

Por ejemplo, un padre e hijo que son aficionados a un equipo de fútbol y, por exceso de trabajo, el padre no ha podido llevar a su hijo a un partido en vivo. El líder de la empresa, al enterarse de esta situación y saber que el cumpleaños del hijo estaba próximo, toma la decisión de darle dos entradas para el próximo juego como regalo de cumpleaños, asegurándose que ese día lo tenga libre.

Esa acción, sorpresiva y extraordinaria, no solo provocó una enorme alegría y sorpresa, sino que además elevó el sentido de pertenencia y compromiso del empleado.

Son detalles como estos, sencillos pero muy emotivos, los que pueden ayudar en gran medida a mantener y mejorar una buena relación laboral, una percepción positiva de la empresa y un aumento en la productividad, como resultado de sentirse apreciados, escuchados y respetados.

Así que, la próxima vez que no sepas cómo aumentar la motivación o qué regalar a los empleados en una fecha especial, prepárate con mucha anticipación conociendo a las personas para poder darles una experiencia personalizada y emotiva, lo cual es mil veces mejor que una agenda, o una taza.

Finalmente, la mejor táctica de liderazgo:

**TRABAJA PARA TU EQUIPO**

## CAPITULO 7

## Tácticas de Comunicación Asertiva

Todos creemos que nos comunicamos correctamente con los demás, que brindamos la información completa y oportuna, sin embargo, ¿por qué parece que estamos hablando en Chino Mandarín?

Una situación común es informar a todo el equipo, mediante un correo electrónico o algún otro medio, las instrucciones de lo que se requiere hacer y lograr, pero van pasando los días y parece que algunos, varios o todos ignoraron la información o no la entendieron. Entonces hacemos un memorando para que todos firmen de enterado y no haya confusiones.

Aun así, los problemas continúan ¿recuerdas la Pirámide de los Patrones Empresariales que vimos anteriormente? Este es un claro ejemplo en donde se busca resolver una situación en la superficie, en el proceso, cuando claramente es un problema en el nivel de las habilidades de comunicación.

Lo que está sucediendo, si reconoces este caso, es que te estás comunicando solamente con quienes entienden el mundo de la misma forma que tú. Estás utilizando canales y formas de comunicación definidos en ti, por tanto, solo quienes tengan esas mismas características de comunicación te entenderán.

¿Has visto como dos personas con obsesión por el orden y la limpieza se entienden tan bien y no pueden tener esa conexión con quienes no cuentan con esa forma de comportamiento? Es exactamente eso lo que pasa en la comunicación y todo líder debe conocer tácticas para corregirla y mejorarla considerando las distintas posibilidades que existen.

A continuación, te presentaré algunas tácticas que deben aplicarse si deseas una comunicación abierta, honesta y efectiva en todo momento.

### 1. Táctica del canal de comunicación

Esta táctica depende completamente de los canales de comunicación de las personas a las que te vas a dirigir, pero debes conocer primero tu canal y saber cómo dirigirte a las personas en canales distintos al tuyo, pues tu labor es darles la misma información canalizada en sus términos.

Hace unos años, finales del siglo pasado en los años 80s y 90s, empezó la moda del PNL (Programación Neuro Lingüística), la cual tomó muchos preceptos del Método Silva de Control Mental y otras fuentes anteriores.

La Programación Neuro Lingüística (PNL) es un enfoque psicológico que se centra en la conexión entre el pensamiento (neuro), el lenguaje (lingüística) y los patrones de comportamiento aprendidos a través de la experiencia (programación). Surgió en los años 70 y se popularizó en los 80s y 90s, especialmente en el ámbito del desarrollo personal y la comunicación efectiva.

La PNL ofrece herramientas y técnicas para entender cómo las personas perciben el mundo y cómo pueden cambiar sus pensamientos y comportamientos para lograr resultados deseados. Se basa en la idea de que podemos modelar el éxito y la excelencia de otros para aplicarlo en nuestras propias vidas.

Entre las técnicas de la PNL se incluyen la visualización, el modelado, el establecimiento de objetivos, el rapport (establecimiento de una conexión empática con otros) y la reformulación de creencias limitantes. Estas herramientas se utilizan en diversos campos como la terapia, el coaching, el liderazgo y la negociación, entre otros, para mejorar la comunicación, el rendimiento y el bienestar personal.

En el caso de la comunicación, existen 3 canales principales y cada persona es propensa a usar uno más que los otros, aunque pueden darse combinaciones: el Visual, el Auditivo y el Kinestésico.

Además de comprender las preferencias individuales de comunicación visual, es importante reconocer que estas pueden variar según el contexto y la situación. Algunas personas pueden mostrar preferencia por lo visual en ciertos aspectos de su vida o trabajo, mientras que en otros pueden optar por otros canales de comunicación. Por lo tanto, es fundamental tener en cuenta el entorno y las circunstancias al adaptar tu mensaje.

Una persona visual es aquella que aprende y entiende el mundo por medio de imágenes, datos, gráficas, películas o documentales, es decir que la información entra a su cerebro y es fácilmente analizada por medio de la vista. Para reconocerlos hay que poner atención en los verbos que usan en sus acciones propias, "lo vi", "aparece en", "hasta no ver no creer", etc.

Una presentación visual de la información le permite una mejor recepción y comprensión de la información. Es la persona a quien debes mostrarle estímulos visuales sobre el tema o la información que deseas que asimile.

Por otra parte, una persona auditiva es quien comprende mejor la información que recibe a través de sus oídos. Son quienes tienen los audífonos en todo momento, quienes usan verbos y frases relacionadas con eses sentido como "lo escuché en las noticias", "me lo contaron", etc.

Un correo electrónico o la gráfica con los datos puede ser menos comprensible que una llamada telefónica o una reunión, ya que su preferencia es recibir la comunicación por medio de los oídos.

Finalmente, la persona kinestésica es quien no comprende las instrucciones hasta que hace la actividad ella misma. Su principal medio de recepción de información es la acción, a veces ni siquiera pondrá atención a las instrucciones completas y se estará lanzando a hacerlo, sobre la marcha podrá descifrar lo que sigue.

¿Has escuchado la frase "si quieres que las cosas se hagan bien, hazlas tú mismo"? probablemente es una persona kinestésica.

Cuando logras identificar el principal canal de comunicación de la persona, puedes establecer medios para hacerle llegar la información de manera correcta para que sea interpretada, analizada y ejecutada como está previsto.

El reto es cuando intentas hacer llegar la misma información a un grupo de personas donde tienes dos o los tres canales de comunicación. Ya sebes que no tendrás problemas con el grupo que tenga tu mismo canal y por eso es importante que te auto conozcas. Pero para los otros dos canales debes considerar las formas en las que puedes compartir la comunicación.

Lo ideal, sobre todo cuando es algo importante, es usar distintas formas de comunicarlo, en forma escrita, conversando, con imágenes y hasta con simulacros o prácticas, así estarás asegurando que llegue a todos los rincones de forma correcta y sin fricción.

Aun así, siempre pregunta ¿qué fue lo que entendiste? O ¿me puedes explicar con tus propias palabras lo que te acabo de compartir? Eso te permite conocer mejor su canal y colocarte en él para que fluya mejor la información.

No des por hecho que ya fue entendido porque nadie pregunta o porque todos dijeron que lo comprendieron, asegúrate de usar distintos medios, varias veces y de distintas formas, monitorea constantemente y corrige si es necesario, no esperes a que terminen y te entreguen un columpio cuando pediste una escalera.

La comunicación no puede ser asertiva si no comprendes y aplicas esta primera táctica, ya que evita una barrera natural en el cerebro de cada persona, pero además tienes que unirla con la segunda táctica que va un poco más allá. Aquí hemos visto la forma de la comunicación, ahora veamos el fondo.

Porque quizá uses el canal adecuado pero el tipo de información que estás presentando sigue siendo confuso para las personas debido al cuadrante cerebral que usan en forma natural para analizar los datos. Una cosa es cómo se reciben y otra cómo se analizan.

## 2. Táctica de la dominancia cerebral

El Test de Ned Herrmann, también conocido como el Herrmann Brain Dominance Instrument (HBDI), es una herramienta creada por el Dr. Ned Herrmann en la década de 1970 para evaluar la preferencia cognitiva de una persona y su dominancia cerebral. Herrmann, un ejecutivo de General Electric, fusionó su conocimiento en psicología y neurociencia para desarrollar esta herramienta que buscaba comprender las diferentes formas en que las personas piensan y aprenden.

Basado en la teoría de los cuatro cuadrantes cerebrales, el HBDI postula que existen áreas específicas de procesamiento cognitivo: lógico-analítico y organizacional (asociados con el hemisferio izquierdo) e interpersonal e intrapersonal (asociados con el hemisferio derecho). Cada individuo tiene una preferencia por uno o más de estos estilos de pensamiento, lo que influye en sus percepciones, decisiones y comunicación.

La administración del test implica una serie de preguntas diseñadas para evaluar las preferencias de pensamiento en cada cuadrante. A partir de las respuestas, se genera un perfil cognitivo que muestra la dominancia relativa de cada área. Este perfil es útil en contextos como el desarrollo personal, la gestión del talento y el liderazgo, ya que proporciona información sobre las fortalezas y debilidades cognitivas de un individuo.

El HBDI ha sido utilizado por empresas, instituciones educativas y consultores en todo el mundo para mejorar la efectividad en el trabajo, la comunicación y la resolución de problemas. Aunque no es una medida absoluta de la inteligencia o el potencial de una persona, la prueba de Ned Herrmann ofrece una perspectiva valiosa sobre cómo las diferencias en el pensamiento pueden influir en el comportamiento y el rendimiento en diversos contextos.

La táctica requiere que apliques la prueba a todo tu equipo o empresa y también lo tomes tú, de esta forma podrás saber la forma en la que cada miembro analiza la información y cómo puedes comunicarte con ellos en el tipo de información, aparte de su canal de comunicación correspondiente.

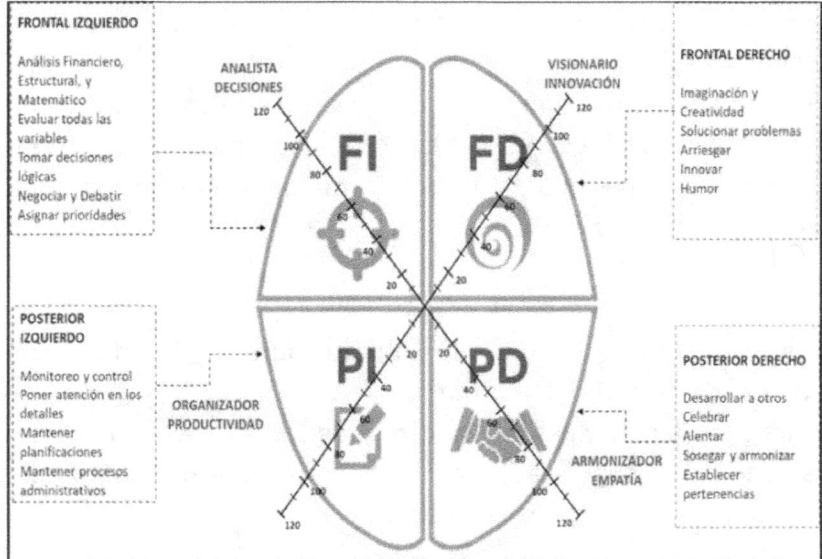

Modelo de las 4 Dominancias Cerebrales de Ned Herrmann

El test arroja un resultado por cada cuadrante cerebral y el que obtiene el puntaje más alto es el dominante, es decir, es la forma en la que piensa y analiza los datos esa persona, pero también es la forma en la que actúa.

Igual que en los canales de comunicación, las personas con dominancia en el cuadrante frontal izquierdo (analíticos) se comunican mejor con los que tienen las mismas características porque "hablan el mismo idioma".

Conocer los cuadrantes que dominan a un equipo te permite reconocer las razones de su comportamiento grupal e individual y para que puedas mejorar la comunicación con ellos e incluso entre ellos, no solo es necesario "hablarles", "mostrarles" o "que hagan" sino que sea con el tipo de datos y forma de comunicación que su cerebro registra mejor.

Se puede ejercitar el uso de los otros cuadrantes sin duda, pero requiere de hacerlo de forma consciente y comprender que la naturaleza llama, cuando hay momentos de tensión, estrés, ansiedad o inseguridad, las personas usarán sus medios, cuadrantes y canales naturales siempre.

Un mismo problema tendrá 4 posibles soluciones si lo planteas a personas de distintos cuadrantes, aunque sea en su canal adecuado.

Por ejemplo, supongamos que se descompone una máquina en la fábrica o la oficina donde trabajas y que se depende de ella para muchas actividades diarias.

El analítico (cuadrante frontal izquierdo) pensará en el costo de la reparación o adquisición de una nueva, las pérdidas por la situación, la posibilidad de rentar otra y/o la afectación de la producción en los resultados del mes.

El ordenado (cuadrante posterior izquierdo) buscará en el manual si existen indicaciones paso a paso para hacerla funciona de nuevo y si se tiene una póliza de garantía. Estará atento a que se sigan los protocolos en ese caso, y si no los hay, los creará o recomendará que se hagan.

El creativo (cuadrante frontal derecho) irá por una caja de herramientas, cinta adhesiva y comenzará a trabajar en la máquina buscando la falla e intentando repararla. También puede inventar formas creativas de sustituir la máquina o hacer algo con el tiempo perdido.

El empático (cuadrante posterior derecho) comenzará a plantear preguntas o proponer soluciones para que las personas afectadas por la situación puedan seguir trabajando u ocupando el tiempo en algo productivo, buscando que no se afecten sus intereses y que no tengan ansiedad o se formen chismes al respecto.

Es un mismo problema y cuatro formas muy distintas de plantear acciones al respecto, como líder debes considerar los distintos enfoques para tener soluciones más integrales y no solo usar el tuyo.

A la vez, conocer cómo piensa cada persona te permite delegar de forma eficiente a la persona adecuada para que haga la labor que mejor sabe hacer por su naturaleza.

¿Quieres saber si una persona es la adecuada para un puesto? También el resultado de esta prueba y un adecuado perfil de puestos alineado a las dominancias te permite definirlo o saber qué habilidades hay que desarrollar en cada quien.

### 3. Táctica de las juntas de 15 minutos

No hay nada más peligroso para una organización que la falta de agilidad, eso frena y atrasa decisiones que pueden resultar en consecuencias para mantenerse o irse del mercado.

Solo basta recordar a Kodak o a Blackberry, dos gigantes en sus industrias cuyos procesos lentos y sus hábitos les pasaron factura porque tardaron demasiado tiempo en reaccionar.

Una de las formas más comunes de perder el tiempo y volverse lento, aparte de no tomar decisiones ágiles, es la juntitis. Juntas por aquí y juntas por allá, increíblemente hay empresas que llaman a su personal a dejar el trabajo desde casa y hacerlo en la oficina para que estén conectados en juntas todo el día.

La inmensa mayoría de las juntas puede eliminarse o reducirse, por eso la táctica es una gran forma de mejorar la comunicación, pues el líder debe tomar consciencia del tema y propósito, para determinar si puede arreglarse con una llamada telefónica o un correo electrónico, en vez de convocar a una junta.

Cuando se imprescindible reunirse con una o varias personas, aparte de la organización de la orden del día, es sumamente importante quitar los momentos que alargan las juntas, esas solicitudes de opinión o ver demasiados temas e incluso invitar a gente que no está relacionada directamente con los temas.

Pero además es imperativo gestionar el tiempo, para poder organizar una junta que normalmente duraría 1 hora a solo 30 minutos y las juntas de 30 minutos a solo 15 minutos, de forma concreta, ágil y bien estructurada para que las personas puedan sr más productivas y eficientes con su tiempo.

Reduce a la mitad las juntas y reduce a la mitad el tiempo que tu personal pasa en ellas para que agilices las operaciones y se dediquen a hacer lo que realmente saben.

4. **Táctica de la información transparente**

Hay lugares donde parece que los empleados no son confiables, pues les ocultan información que muchas veces es necesaria para realizar correctamente su labor o la empresa trata de ocultarles algo por las razones equivocadas.

Es increíble la cantidad de lugares que he visto donde nadie sabe el sueldo de sus compañeros ni de sus jefes, nadie se ha enterado porqué se fue alguien o porqué lo despidieron, no hay certidumbre en los resultados de la empresa y todo ello provoca que la gente hable, que murmure, que se sienta insegura y que parezca que no se le toma en cuenta.

Cuando tienes una organización con información transparente generas confianza y complicidad en las labores que se realizan, no hay porqué imaginarse cosas ni estar especulando.

Netflix ha logrado incluso repartir los estados financieros de la empresa a todo su personal, para que sepan la situación y comprendan muchas de las decisiones y proyectos que se tienen contemplados.

Cuando alguien se va de tu empresa, lo mejor es informar al resto del personal las razones, de una forma profesional y neutral, para evitar rumores, no solo de esa persona sino de la forma en la que se manejan las políticas y la cultura organizacional.

No hay nada que esconder y es mejor crear una cultura de transparencia que refleje la confianza que debe haber entre todo el personal.

Para lograr eso debes presentar la información que quieras difundir y explicarla, haciéndole saber a todo el personal como interpretar y leer dichos datos.

Esto requiere también mucha capacitación y densidad de talento que explicaré más adelante.

**5. Táctica de la retroalimentación positiva e inmediata**

En Vayner Media, una empresa de mercadotecnia digital y publicidad, así como en la empresa de consultoría de Simon Sinek y en Netflix se maneja un tipo de retroalimentación diferente a lo que vemos en la mayoría de las empresas.

Casi siempre se usa la retroalimentación para indicar algunos puntos positivos del personal y las "áreas de oportunidad", es decir, lo que la empresa quiere que se corrija. Otras tantas veces eso se usa como chantaje o para tener una evidencia que permita despedir a un empleado sin responsabilidad de la empresa.

El problema principal de la retroalimentación tradicional es que se enfoca en lo que se hace mal, en corregir errores, siendo la retroalimentación enfocada en lo que se hace bien, como dice Simon Sinek, en lo positivo, es mucho más efectiva como forma de motivación y de autorregulación.

Si todo el tiempo estás señalando lo que no se hace bien, creas un sentimiento de insatisfacción y de nunca poder cubrir las expectativas, lo cual puede llevar a resentimiento y rencor hacia el jefe o la compañía y terminar disminuyendo la productividad del empleado.

El mismo empleado puede comportarse de manera muy distinta en dos empresas diferentes cuya cultura organizacional esté centrada en la forma de comunicarse con la gente.

Por un lado, puede ser un empleado muy eficiente y participativo, entusiasta y alegre, pero por otro puede ser muy retraído, sin propuestas, sin iniciativa o también puede ser un gruñón que no participa en equipo, es la misma persona, pero la diferencia es el entorno.

En el primer caso, cada uno de los jefes y gerentes, aunque sean de otras áreas a la suya, se acercan y le preguntan en qué le pueden ayudar o si esta todo bien, pero en el segundo caso, los jefes y gerentes pasan de largo sin siquiera voltear a verlo o saludarlo.

Esas acciones repetitivas de los líderes crean sentimientos y éstos cimentan hábitos, esa es la base de la retroalimentación positiva, reforzar el buen trabajo y la confianza del personal, con lo que los reto serán más sencillos de resolver.

Netflix tiene una "política", que más bien es un estándar de dar retroalimentación asertiva, en el momento que se necesita hacer. Ellos han sido preparados para dar y recibir dicha retroalimentación como una forma de mejora continua, entonces no necesitan esperar tres meses a que se acumulen las acciones y darlas a conocer en una junta, eso es demasiado lento e ineficiente.

Cuando alguien está haciendo su trabajo s ele felicita y se le motiva a seguir con su esfuerzo, pero cuando alguien está desviándose o cometiendo algún error se le indica en el momento para evitar que siga sucediendo, y esto aplica hasta arriba, a los fundadores de Netflix también se les da retroalimentación transparente.

Otra premisa es que la información no tiene por qué ser anónima, como la famosa evaluación 360 donde calificas a tus compañeros y jefes y te califican a ti de manera anónima. En teoría evita malentendidos y susceptibilidades, pero en realidad, cuando sabes a quien vas a evaluar, muchas veces se usa como forma de venganza por alguna situación pasada.

Realizar retroalimentación abierta, donde la persona sepa quien la evalúa, requiere de un alto compromiso, habilidades de comunicación asertiva y humildad para no tomarlo personal.

Los primeros capacitados para recibirla son los directivos y gerentes de Netflix, donde se colocan en una reunión y escuchan de su equipo lo que ven de ellos y lo que sugieren mejorar.

En una sociedad acostumbrada a atacarse y responder a los ataques, esto podría parecer fantasioso, pero llevado de una manera correcta y respetuosa hará que cada vez sea más fácil y más útil transparentar toda la información y retroalimentar con el objetivo de una mejora continua.

## CAPITULO 8

### Tácticas de Trabajo en Equipo

En las organizaciones es indispensable tener equipos de trabajo bien estructurados y eficientes para poder lograr los objetivos que se requieren, esto ya lo sabes.

Lo que no considera la mayoría de quienes están a cargo de personas es la forma en la que deben desarrollar, organizar y mantener al equipo unido para que todos usen sus mejores habilidades en busca del bien común.

Aquí el tema entra en una controversia poco considerada, los mexicanos no trabajamos en equipo solo por el hecho de estar en uno y muchas empresas creen que, al integrar a una persona nueva, por añadidura, se convertirá en parte del equipo.

La realidad es que pocas veces sucede, pero si se les exige a todos llegar a los resultados cuando no se les brinda el ambiente, los conocimientos, las herramientas y las estrategias necesarias.

De entrada, los mexicanos somos individualistas, por tanto, hacer equipo no está en nuestro ADN, es una habilidad que se debe desarrollar, no la tenemos de fábrica como en otras culturas donde trabajan en conjunto para lograr metas que benefician a cada miembro.

No señor, señora o señorita, nosotros primero vemos qué vamos a obtener en caso de colaborar en el equipo, puede ser más dinero, reconocimiento, un ascenso, mayor flexibilidad de tiempo o cualquier otra cosa que convenza a nuestro ser de los beneficios de aportar.

El líder debe estar consciente de esto y saber lo que le importa a cada miembro, pero además comprender que lo que mantiene unido a un equipo es la confianza que existe entre ellos de que cada uno hará su trabajo y de que cada uno cuidará de los otros.

Si en tu equipo no hay ese nivel de confianza entonces no tienes un equipo sino un grupo de personas que trabajan juntas, lo cual lleva a los resultados comunes que vemos.

Además de conocer los motivadores, debes poder empatarlos con los objetivos grupales para que las personas interioricen y generen emociones sobre sus requerimientos individuales y, a su vez, tengan el contexto adecuado de cómo el participar en el equipo les permitirá obtenerlos.

Muchas personas "trabajan en equipo" porque no les queda de otra o porque temen perder su empleo, pero cuando el barco se hunde son los primeros que lo abandonan, sin embargo, si se ha creado una relación sólida de confianza mutua, son los que brindarán las soluciones para salir de cualquier problema.

Con esto en mente, las tácticas para equipos de trabajo están enfocadas en crear las bases para que la gente funcione en conjunto por convicción propia y no por imposición.

### 1. Táctica de confianza

Es lo primero que tienes que generar para formar equipos. Si quieres descubrir a un líder pregunta ¿a quién le confiarían, su auto, su cartera y su casa? Pero si quieres lograr un equipo debes hacer que cualquiera de ellos pueda encargarse de lo más preciado de los demás.

Tu ejemplo como líder del grupo es indispensable, debes demostrar que realmente te preocupas por su bienestar dentro y fuera del trabajo, cubrir sus motivadores, escucharlos, sr amable y comprenderlos.

Lograr el nivel de confianza necesario no es sencillo ni inmediato, pero es posible hacerlo si todos los días le preguntas cómo está y si necesita algo. Cuando tengas conocimiento de alguna situación personal como un familiar enfermo, algún acontecimiento importante, entonces pregúntale cómo va con ese tema, pero debes hacerlo realmente interesado en saberlo porque te preocupa su bienestar.

Las personas detectan de manera inconsciente cuando alguien lo hace de corazón y cuando está fingiendo, por lo que, haciéndolo por las razones correctas, se irán abriendo y te comenzarán a contar más cosas, opiniones, propuestas y hasta chismes.

### 2. Táctica del contexto adecuado

Solamente dar instrucciones y pretender que la gente hace equipo porque tienen una misma meta, son acciones seguras hacia el desastre.

Aunado al conocimiento que ya tienes de su forma de comunicarse y de su dominancia cerebral, ahora puedes indicar el contexto sobre el cual van a trabajar y establecer, no solo las metas del área o empresa, sino aterrizarlas hacia lo que las personas desean lograr.

Establecer las razones por las que es importante el trabajo en conjunto brinda mayor seguridad en su cumplimiento, pero recuerda que debe haber un elemento que motive a cada miembro a ser partícipe.

Pero crear contexto no necesitas hacerlo solo, al igual que un objetivo, puedes involucrar a las personas a que opinen sobre lo que deben lograr, con el adicional de que incluyan las habilidades y conocimientos que implementarían y cómo les beneficiaría a ellos en sus metas propias.

Si estableces esa relación emocional sobre el trabajo en equipo a través del logro individual, estarás creando una fuente de motivación más efectiva que solo plantearles lo que deben hacer y ponerles un premio si lo logran.

Recuerda que para ser equipo debe haber confianza y para que esta exista, las personas deben estar involucradas en el proceso.

3. **Táctica de cambio de roles**

Es muy común que haya ciertos celos profesionales y diferencias entre distintos puestos e incluso departamentos en una misma empresa. Un caso común es el de un restaurante, donde el equipo de cocina siempre culpa al equipo de piso y viceversa.

Lo que yo hice en ese caso, cuando tuve la oportunidad de entrenar a más de 300 personas de un hotel boutique por 3 meses mientras remodelaban, fue intercambiarlos de área.

Por supuesto que se dieron cuenta que no era nada sencillo lo que sus compañeros hacían y pudimos limar asperezas.

Sin embargo, en una operación normal día a día, tu mejor estrategia es asignar un día para que un miembro del equipo aprenda las funciones de otro, de esa manera no solo estará al tanto de los procesos que debe cumplir su contraparte, sino también será más comprensivo cuando las cosas no marchen bien.

Si hablamos de empatía en un equipo, esta táctica da una excelente visión de ello al confrontar a cada persona con las responsabilidades de las demás, en vez de echar culpas, se hacen más responsables de sus propias actividades al comprender que hacer bien su trabajo repercute en los demás.

Si esto es aplicado con un contexto adecuado y una comunicación transparente y abierta, puede generar ideas de mejora al visualizar los procedimientos con otra perspectiva y una visión más amplia de las repercusiones que tienen.

### 4. Táctica del paraguas

El líder debe estar listo y dispuesto a enfrentar la presión y el estrés de niveles superiores, pero no permitir que eso llegue a su equipo.

Normalmente, las urgencias y las decisiones mal tomadas repercuten en ambientes de presión y hasta de hostilidad, buscando que las cosas se resuelvan a toda costa. Un jefe tradicional recibe una reprimenda o una instrucción de último minuto y, cuando no ha comprendido su función al frente del equipo, transmite las mismas inseguridades creando estrés adicional y exigiendo resultados.

Un líder es capaz de funcionar como un paraguas, por más exigencias y presiones que haya más arriba, no va a permitir ni se va a comportar de la misma manera para no crear inseguridad y presión en su equipo, porque eso no va a resolver la situación.

Con calma, amabilidad y un plan de acción se puede trabajar más que a gritos y sombrerazos porque algo no está terminado. Así el líder cuida del personal y de riegos psicosociales que puedan reducir su rendimiento y productividad.

Esto no quiere que vaya a dejar de hacer las actividades que le soliciten, sino que no se va a comportar de una forma equivocada ni va a permitir que la presión vulnere la buena labor que se viene realizando.

Aguantar situaciones como esas requiere de carácter y paciencia, brindando las señales adecuadas de que su mayor preocupación es el bienestar de los integrantes y que realicen bien sus actividades.

Cuando se tiene un ambiente hostil en una empresa, el líder crea un oasis en su área o departamento para proteger a su personal, eso quedará en la memoria de todos.

**5. Táctica del espejo**

Es innegable que los miembros de un equipo son el reflejo de su líder y debes estar muy consciente de esto.

Más que una táctica, este es un consejo de mentalidad y comportamiento, porque todo lo que haces, dices y dejas de hacer, se está registrando en la mente de tu gente.

Puedes crear un orden basado en el miedo y en el regaño o puedes hacerlo basado en la confianza, la amabilidad y el respeto, pero eso va a depender de ti en un 100% porque eres quien lleva la pauta.

Si le estás pidiendo a las personas que trabajen en equipo, eres el primero que debe arremangarse la camisa y no nada más dar instrucciones y encerrarte en tu oficina.

Debes ser congruente desde que llegas, estar antes que nadie, saludar a todos, irte al último, festejar los logros del equipo y asumir los errores como encargado, dar un mensaje de confiabilidad y cumplir los acuerdos.

La forma en la que contrates, capacites, des indicaciones, te dirijas, hables y hasta despidas a alguien, está siendo visto y registrado por cada persona y crea una impresión y una emoción, puedes estar causando temor o tranquilidad, desconfianza o confianza, y no está relacionado con las generaciones o de tratar con pinzas a las personas, sino de darte cuenta que eres el modelo a seguir en nuestra cultura y están esperando que te comportes a la altura, de lo contrario pierdes su respeto y su confianza.

Eres un espejo donde se reflejan los valores, ya sean los de la empresa o los tuyos, pero son los que moldean la forma de comportarse de tu equipo. Ni modo, lamento decírtelo, viene con el paquete de ser líder y es muy gratificante cuando lo haces bien.

## CAPITULO 9

### Tácticas de Retención de Personal

Una de las primeras ideas que debes establecer en una cultura organizacional sana, es que no hay ninguna necesidad de retener a alguien cuando se aplican las estrategias necesarias para que decida quedarse por voluntad propia.

Retener está siendo considerado, en la actualidad, como algo forzado. Aquellas empresas que logran retener al personal son las que no se dan cuenta del daño que se están haciendo al tener gente que no le gusta lo que hace, que no le gusta el lugar donde está, que hace lo mínimo necesario por mantener su empleo y que se encuentra en una renuncia silenciosa.

De nada te sirve tener bajos niveles de rotación de personal si tienes altos niveles de insatisfacción e infelicidad, es tan dañino como perderlos, e incluso podría ser peor ya que no se encuentran concentrados en hacer las cosas bien.

Sin embargo, despedirlos tampoco soluciona la problemática, puesto que esta se produce de la misma cultura organizacional, por tanto, seguirá afectando a quienes se integren a la empresa.

La rotación de personal debe tender a cero por causas imputables a la empresa, es decir factores que se pueden controlar al interior de esta y por ello es tan importante saber sus causas reales, no solo lo que digan encuestas de salida, sino lo que la gente realmente piensa, pero para eso se necesita la confianza y comunicación que ya te he comentado.

1. **Táctica de Rotación Cero de Personal**

Más que una táctica, es una forma distinta de ver el índice de rotación, el cual no me detendré a ver su cálculo, puesto que lo más importante es determinar acciones y estrategias para reducir la salida de talento de la empresa.

Lo que sí te puedo mencionar, es que debes llevar un registro de las causas reales por las cuales alguien deja de trabajar en la empresa, obtenidas de encuestas de salida, conversaciones previas y comentarios de sus compañeros y jefes, para tener un panorama más amplio.

Para buscar una rotación cero de personal, debes primero determinar si su salida es debida a situaciones personales como cambio de residencia, enfermedad de algún familiar, embarazo o nacimiento, enfermedad o defunción de la misma persona y otras que no están en tus manos.

Las que te interesan, porque son tu responsabilidad, son todas aquellas que la empresa pudo evitar como:

- Sueldo insuficiente
- Falta de prestaciones y beneficios
- Pocas o nulas oportunidades reales de crecimiento
- Falta de capacitación
- Poca flexibilidad
- Excesiva burocracia para permisos
- Ambiente pesado, hostigante y/o estresante
- Malos tratos, insultos o mobbing

Cuando alguien se va porque ha obtenido una propuesta en otro lugar, suele ser por uno o varios puntos de la lista anterior, ya que, cuando una persona es feliz y se siente cómoda, no anda buscando trabajo.

Entonces es fundamental que establezcas las razones de la salida del personal porque puedes tener una fuga importante de talento, que no está viendo en tu organización la obtención de los motivadores que le impulsan cada mañana a ir a tus instalaciones o conectarse desde casa a sus labores contigo.

Tu labor al frente de un área, departamento o empresa es conocer esos motivadores y cubrirlos para evitar, lo mejor posible, que tus mejores talentos sean atraídos por otras propuestas.

## 2. Táctica Anti-salario Emocional

Muy de moda se encuentran diversas actividades de salario emocional, desde las mesas de ping pong, las entradas gratis a eventos, los descuentos en cafeterías, las sesiones de yoga, las salas de esparcimiento y otras tantas actividades que las empresas se inventan o siguen tendencias para tratar de hacer que la gente se quede y esté contenta.

Pero he de decirte que nada de eso crea la cultura organizacional, nada de eso funciona si tienes alguna o varias de las razones por las que el personal se va de la táctica anterior.

Con esto no quiero decir que dejes de buscar alternativas para que la gente esté mejor o que se cubran sus motivadores, lo que quiero hacer es que visualices que nada va a remplazar el sentimiento de sentirse seguro en el lugar de trabajo, no solamente en el aspecto físico.

Primero se deben resolver los aspectos básicos, las razones por las que la gente podría tomar la decisión de quedarse en tu negocio, para después ofrecerle una serie de comodidades y facilidades adicionales.

Lo que no debe hacerse es utilizar el salario emocional para ocultar aspectos más profundos como sueldos precarios o incluso "conforme a mercado, situaciones que ponen en riesgo el trabajo de a persona, actitudes que generan estrés y descontrol.

Es preferible que tengas diferentes estrategias que cumplan con factores clave a tener un montón de "beneficios y facilidades" que no quitan lo incómodos inconvenientes.

Nadie dice: "estoy en este empleo porque el café es buenísimo y tengo descuento de 10% con el dentista", más bien piensa: "no necesito ese descuento si no me alcanza para pagar el dentista y el café se amarga porque recibimos regaños un día sí y al otro también.

Cuida que el salario emocional no intente ocultar problemas graves.

3. **Táctica de Permisos Ilimitados**

Hay una fuerte creencia de que todo debe ser controlado y medido, incluso se repite mucho una frase que dic "lo que no se mide no se puede mejorar", sin embargo, yo prefiero otra frase que se le atribuye a Albert Einstein "no todo lo que se mide importa y no todo lo importante se mide".

En términos de permisos para ausentarse, salir temprano o entrar más tarde, las empresas son demasiado quisquillosas, por el miedo infundado de que, si dan mucha libertad, todos harán lo que les venga en gana.

Ese control desmedido a otorgar permisos logra llegar a casos extremos, donde la gente necesita atender un problema grave, a veces de enfermedad, a veces de fallecimiento, situaciones que requieren verdadera empatía y apoyo.

Sin embargo, me he topado con quienes piden una prueba de que la situación es real para poder otorgar un permiso, otras que necesitan 16 firmas, usualmente de personas que no trabajan con el solicitante y casi nunca las encuentras, todo para evitar que te vayan a descontar el día y levantarte un acta administrativa, cuando tu cabeza está en otro lugar.

Netflix entendió que no puede tener a las personas amarradas a sus escritorios cuando sus cabezas están dando vueltas con algo delicado o están lidiando emocionalmente y por ello eliminó los procedimientos de solicitud de permisos.

Nadie tiene que pedir un permiso con días de anticipación ni debe reunir firmas, simplemente se avisa que no asistirá uno o varios días, comúnmente indican la razón al ser una empresa de comunicación transparente y esa persona sabe que no tendrá ningún problema en ausentarse.

De hecho, no hay razón alguna para tener que checar entrada o salida, si alguien lo necesita llega después o se va antes, porque todo su equipo sabe que, en esos casos, hay una buena razón para ello.

Los permisos además son ilimitados y esto, ya de por sí te suena a un desorden, ahora imagina que no tienen límites en sus permisos. Pero para poder llegar a eso no necesitas ser Netflix, de hecho, entre más grande la empresa es más difícil de implementar porque hay muchos procesos correlacionados en juego.

Sin embargo, con una excelente comunicación transparente, una confianza sólida y verdaderos equipos de trabajo se puede dar. No es sencillo en una cultura donde tendemos a controlar todo y desconfiar de todos, sin embargo, se puede hacer creando la cultura organizacional y brindando los contextos adecuados.

La cultura organizacional evita que haya represalias y que todo accedan a los mismos beneficios, sin importar su rango, mientras que el contexto te indica ciertos criterios por los cuales puedes acceder a ese beneficio, sabiendo que si te aprovechas o causas con ello un perjuicio a la empresa, entonces es muy probable que debas recoger tus cosas de tu escritorio y no regresar.

Se le brinda la confianza absoluta al personal para empoderarlo y que tome mejores decisiones, considerando que utilizará su mejor criterio para la situación que se le ha presentado y recibirá el apoyo de sus compañeros en su ausencia.

Nuevamente, siempre que no se aproveche de dicha libertad.

**4. Táctica de Vacaciones Ilimitadas**

Es tan importante trabajar duro como descansar adecuadamente y eso tiene que quedar claro desde un principio en tu organización, ya que nadie puede rendir a su máximo potencial sin no recarga sus baterías.

Esto incluye salidas a tiempo del lugar de trabajo, fines de semana sin llamadas de la oficina o en horarios no laborales y por supuesto las vacaciones.

El gran valor de las vacaciones es la reparación del desgaste, pero también logra algo increíble, al desconectarte de las labores diarias, del estrés y de las preocupaciones, te llegan nuevas y mejores ideas porque tu mente ya no está ocupada en apagar fuegos.

Pero muchas empresas y empresarios consideran que brindar más tiempo de vacaciones provocaría que la gente dejara de trabajar y la productividad se caería, entonces les da miedo dejar que las personas decidan el tiempo que le dedicarán a su descanso.

Esto requiere la creación de un contexto adecuado, es decir, hacer ver a las personas lo importante que es su descanso, pero también que se le está dando la confianza para que tome la decisión de cuando regresar.

De hecho, los líderes de la empresa deben poner el ejemplo e impulsar a sus equipos a que se vayan de vacaciones y además presuman lo que hicieron en ellas cuando regresen.

La confianza es sumamente importante, porque debes brindarla sin condiciones para que esto funcione y si estás pensando que unas vacaciones ilimitadas no funcionan, déjame decirte que es una regla en Netflix, donde se promueve tomar vacaciones y no estar postergándolas.

### 5. Táctica de Regalos Personales

He visto con cierta curiosidad como hay un gran interés en las empresas por darle algún detalle a sus empleados en fechas importantes. Así comienzan a buscar opciones para los cumpleaños, los aniversarios de trabajo y de la empresa, las fiestas de fin de año, el día del padre y de la madre y.... hasta ahí llegan porque no se les ocurre más.

Lo más simpático es leer en grupos de redes sociales a personas buscando recomendaciones para este tipo de eventos. A todos los que leo buscando opciones les digo que no estén preguntando en redes sociales y se sienten con su personal a conversar y averiguar con ellos lo que les gusta, cuáles son sus pasatiempos, equipos favoritos, añoranzas, metas y sueños.

Regalar algo que vaya acorde con ello permite dar regalos personales, no personalizados, que llegan al corazón de la gente y las hace sentir apreciada.

Te voy a dar dos ejemplos claros de lo que no se debe y de lo que se debe regalar, sobre todos si tienes presupuesto, aunque si no lo tienes, de todas formas, puedes encontrar mejores cosas que las plumas, la agendas y los termos.

Cuando aprecias a alguien y conoces a esa persona no vas y le imprimes un diploma, no le das una pluma con el nombre de la empresa donde trabajas, tampoco lo haces un reconocimiento en cristal o en un plato para que terminen guardados en un cajón. Lo que quieres es que queden guardados en su corazón y en su memoria, que recuerden lo que les hizo sentir recibir algo personal.

Hace poco salió en los cines la última película de Indiana Jones, donde él se jubila después de muchos años impartiendo clases en la universidad. Le hacen un recibimiento que le hace sentir incómodo y le regalan un reconocimiento a manera de reloj de escritorio, si mal no recuerdo.

Como no tiene nada relacionado con sus gustos y aficiones, al salir de la universidad se lo regala a la primera persona que se encuentra en su camino. Eso es lo que sucede cuando das algo general y "personalizado", los regalos fáciles, baratos y sin vida que todos reciben igual.

Hay que entender que las personas en nuestra cultura son muy fieles a las empresas que lo son con ellos y que los detalles cuentan mucho, especialmente si son dirigidos a las emociones positivas.

### 6. Táctica de los 3 años

Se habla mucho de que las nuevas generaciones no desean quedarse más de 1 o 2 años en las empresas para luego irse a otro lugar con mejores propuestas, lo cual es una responsabilidad de la forma que las empresas han tratado al personal desde hace varios años.

Dar contratos temporales, evitar el pago de despidos por causas injustificadas, hacer recortes de personal y muchas otras acciones que le han dicho a las nuevas generaciones que las empresas no brindan carreras de largo plazo, aunque digan que las tienen.

Si tu deseas reducir tu rotación debes comenzar por comprometerte con tu personal y lograr su compromiso, trabajar en la cultura organizacional y entender que la antigüedad en un empleado le permite adquirir experiencia que le permite resolver más rápido y de mejor manera las situaciones particulares del negocio, ya que conoce los procesos, las políticas, los tiempos y puede dar mejores soluciones a los conflictos. Todo esto no lo puedes tener con gente nueva.

Para lograr ese compromiso puedes hacerle a cada miembro de tu equipo la siguiente pregunta: ¿Qué tengo que hacer y que tiene que hacer la empresa para que te quedes con nosotros y nos brindes todo tu conocimiento y experiencia como mínimo por 3 años?

Y no es una pregunta que se deba hacer una sola vez, debes repetirla conforme va pasando el tiempo y cuando sucedan circunstancias dentro de la empresa o en la vida personal del talento que colabora contigo que pudieran cambiar la perspectiva a futuro.

No es una carta a Santa Claus ni a los Reyes Magos, es una forma de conocer las circunstancias ideales que busca el personal para estar trabajando a gusto y feliz contigo. Pero si es algo que debes vigilar y monitorear con frecuencia.

Ten por seguro que haciendo lo que te menciono aquí, vas a tener personas comprometidas y productivas, por el tiempo que duren en la empresa, tampoco debes obsesionarte con que todos se van a quedar de por vida, pues hay miles de circunstancias que pueden cambiar.

Pero procura darles esa ventana de 3 años y comprometerte a ello. El primer año es de aprendizaje, ensayo y error, para llegar al segundo año de práctica y dominio de las habilidades y conocimientos en el puesto, llegando al tercer año de control y experiencia suficiente para una mejora continua de las actividades y procesos.

Si no tienes la disposición de enseñar, capacitar, apoyar y hacer crecer a la gente en esos 3 años, entonces tendrás la rotación que mereces y los problemas de costos y productividad que eso conlleva.

### 7. Táctica de Contratación Rápida

Entre más grande es la empresa, más compleja se vuelve en todos los aspectos, pero esto se debe a que va aumentando el número de controles y procesos, entorpeciendo la agilidad y creando tortuguismo en la toma de decisiones.

Tanto para contratar a un candidato como a un proveedor, los pasos parecen de una dependencia de gobierno, lentos e ineficientes.

Para una contratación, dependiendo del nivel de la vacante, pueden tardar desde 2 semanas, lo cual casi nunca sucede, hasta 3 o incluso 6 meses, como si la gente los estuviera esperando a que se decidieran, pero luego se preguntan por qué no encuentran talento y creen que no hay.

Otro detalle son las interminables pruebas psicométricas que pocos saben interpretar y que no se inventaron para contratar personal, pero muchas empresas creen, influenciadas por las empresas que se las venden, que es una forma más segura de contratar a la persona adecuada.

En la realidad eso no funciona así, nadie es bueno contratando ni con las evaluaciones psicológicas más avanzadas, porque nunca podrás pasar de un 50% de probabilidades de que esa persona funcione, hay mil variables al momento de entrar y estar trabajando, así que la supuesta seguridad es una ilusión.

Nada de contratar lento, cada día es costo para la empresa, se debe contratar rápido pero bien hecho, lo cual es posible.

En una empresa decidí tirar los perfiles de puesto a la basura y no usar psicométricos como primer paso. Cuando había una vacante me reunía con el gerente del área y le preguntaba cuáles eran las funciones, qué conocimiento y experiencia mínimo se requería y cuáles eran los puestos alternos que le permitían a alguien contar con las habilidades necesarias, eso ampliaba el espectro de candidatos y permitía elegir mejor.

Las entrevistas se hacían en un solo día, primero en Recursos Humanos y de ahí con el Gerente del área, normalmente se decidía ese día y máximo 2 días después si había varios candidatos con lo que buscábamos. De esta forma, organizados con cada área para tener entrevistas ciertos días y a ciertas horas, podíamos contratar en un tiempo promedio de 1 semana. Desde la entrevista hasta el primer día de trabajo.

También hacíamos ferias de empleo, donde nos íbamos todo el equipo de Gerentes a entrevistar todo el día y a firmar contrataciones, mayormente se les daba la respuesta en ese momento.

Para vacantes con niveles gerenciales y direcciones tomaba un poco más de tiempo, pero se agilizaba si los a los ejecutivos participaban poco y con entrevistas agendadas ágilmente, porque cuando se dejaba a su discrecionalidad, podían pasar 3 meses sin que entrevistaran a los candidatos, una mala práctica arraigada.

Contrata rápido y asume la responsabilidad de haber tomado la decisión, en ocasiones te funcionará y en otras no, habrá personas que no parecían aportar mucho y serán tus mejores elementos, mientras que otras podrán impresionar a todo el mundo, pero no se ambientarán en la empresa y se irán o tendrás que agradecerles su tiempo.

Contrata por talento y por lo que puedan aportar a la empresa y a su puesto, no lo hagas solo por su experiencia, donde estudió o donde trabajó y cuida mucho seleccionar personas con buena actitud.

Recuerdo varias contrataciones especiales siguiendo esta táctica y observando mucho la actitud de la gente:

La primera fue un hombre mayor que llegó con su currículo escrito a mano en una hoja de libreta porque no usaba computadoras y buscaba puesto de chofer de transporte de turismo. Tenía buena experiencia, sin percances importantes y con sus permisos y licencias en orden. En un reclutamiento actual lo habrían rebotado por la forma de presentar su currículo y por su edad, era mayor de 60 años, pero lo contratamos y funcionó de maravilla el tiempo que estuvo, un tiempo después enfermó y tuvo que retirarse.

La segunda fue para recepción de turismo en aeropuerto, una persona relativamente joven como de 30 a 35 años sin experiencia en el puesto, pero con un don de gente impresionante. Tenía muchas ganas de aprender y ayudar a los clientes. Con su falta de experiencia lo habían rebotado en varios lugares, afortunadamente, así que lo contratamos con el compromiso de que se aplicaría aprendiendo sus funciones y estudiaría inglés.

Su buena actitud era tal que llegó a ser el mejor en su puesto y se le transfirió a la recepción de turistas extranjeros cuando ya tenía un inglés suficiente para desarrollarse en la nueva asignación. Esa persona pedía una oportunidad, pero lo hizo de la forma correcta, con actitud y una buena atención que eran los elementos más importantes de ese cargo.

La tercera realmente fueron 2 contrataciones juntas, llegaron 2 jóvenes recién cumplidos entre 20 y 22 años para un call center, uno de ellos mucho más formal y serio que el otro, lo cual generó el comentario en la oficina sobre mis razones para contratar al otro que aparentaba ser más desorganizado y medio rebelde. Me dijeron que la presentación era sumamente importante y que ese chico no duraría ni 3 meses ahí, que cuidara a quien aceptaba porque era la imagen de la empresa.

Después de 3 meses, ese chico "desorganizado" resultó estar entre los mejores en ventas y estaba muy contento con el trabajo, mientras que el otro chico renunció alegando la continuación de sus estudios. Por eso no debes fijarte en la presentación como tema principal para descartar a nadie, te puedes llevar sorpresas.

El último caso es mi favorito, quizá compite con el segundo de grandiosa actitud, pero este fue un éxito rotundo a pesar de las dificultades que nos puso el director del área. Este caso incluso aplica para la táctica asciende más rápido que leerás más adelante.

Resulta que se buscaba una persona con experiencia en traducción comercial inglés-español, de preferencia extranjero por el tema de los anglicismos y el slang, pero resulta que los candidatos que se presentaban eran autónomos y no querían volverse asalariados.

Quitamos la nacionalidad como requisito, lo cual siempre me pareció equivocado y llegó a presentarse un hombre de 65 años con una amplia experiencia en grandes empresas y con los conocimientos necesarios, de hecho, se le pidió una prueba de dichas habilidades y la pasó sin problema.

La Gerente de Mercadotecnia estaba fascinada, era el candidato que necesitaba y se lo presentó al director del área, quien lo descartó por edad, argumentando que la carga de trabajo era mucha y necesitaba a alguien ágil así que contratarían a un recomendado de veintitantos.

En ese momento escalé la situación y me fui a habar con la directora operativa de la empresa, a quien le había formado un equipo nuevo de personas par aun proyecto en solo 2 semanas, por lo que me escuchaba cuando se trataba de contrataciones.

Le expuse el caso y le mencioné que era un talento que no deberíamos dejar ir, así que le ofrecimos estar 3 meses en call center para que conociera los servicios que se ofrecían y aprovechar su alto nivel de inglés, con la posibilidad, sin ser promesa, de pasarlo a otra área más cercana a su perfil en cuanto se tuviera una vacante abierta.

No me creas si fue el destino, el darle empleo donde otros le negaban por edad o qué habrá sido, pero a los 3 meses, el recomendado renunció porque no aguantó la presión y una semana después ya teníamos a nuestra primera propuesta trabajando donde lo queríamos y resultó ser todo lo que esperábamos.

Las contrataciones rápidas ayudan a os candidatos y a las empresas, te permiten aprender a detectar talento más fácilmente y comentes menos errores, pero asumes las equivocaciones y aprendes para hacerlo mejor al siguiente día.

Contrata rápido y bien porque los costos de tener un espacio vacío te van comiendo lentamente, no solo en dinero, sino también en motivación y actitud de quienes están trabajando y deben cubrir el espacio vacío.

## 8. Táctica de Despido Rápido

Muchos presumen de ser buenos reclutadores, ya vimos que eso no existe en la realidad, pero nadie dice ser bueno despidiendo, porque eso no es posible. A casi nadie le gusta despedir, aunque sea necesario y se vuelva parte de la incomodidad personal de anunciar una mala noticia.

Pero un error mayor es mantener en su puesto a una persona con malas actitudes, malas influencias y malos comportamientos con el pretexto de que "da resultados".

Si dentro de las actividades principales de un líder está cuidar de la seguridad del personal, no tiene sentido mantener a personas que, aún con el apoyo y la capacitación necesarios, continúan afectando y creando un ambiente psicológico pesado, llegando a los insultos, mobbing y hasta abuso físico.

Lo más curioso de esto, es que es más común de lo que parece. Así tenemos miles, sino millones de jefes y gerentes que degradan a su personal, pero siguen manteniendo sus puestos porque "dan resultados".

Sin embargo, nadie calcula el costo de ese comportamiento en baja productividad, ventas o ingresos perdidos, costos a la alza y renuncias de personas con talento y mucho que aportar.

Cuando tengas una persona que ha rebasado los límites y ha roto con los valores de la cultura organizacional de la empresa, DESPÍDELA, sin estar dándole vueltas. El daño que le hace a la organización en mucho mayor que los beneficios que supuestamente brinda.

No importa si es tu mejor vendedor o tu gerente con mejores promedios mensuales, cuando la gente deje de estarse preocupando por cuidarse la espalda o deje de recibir insultos y no esté concentrada en eso, elevará su productividad y muy probablemente los resultados serán mejores que cuando estaba la persona que los frenaba.

No permitas que el miedo a perder y poner los resultados en un pedestal te nuble el juicio, el equipo y su bienestar es más importante porque son los que te llevan a las metas.

De la misma forma, cuando alguien no funcione o no se acople a la cultura y organización de la empresa, debes dejarlo ir pronto para que logre encontrar un lugar donde se sienta parte y pueda aportar.

Pero es indispensable que asumas tu responsabilidad, apuntes con los pulgares y aceptes que fue tu decisión contratar a esa persona, por lo tanto, debes darle las gracias de la misma forma profesional con que la recibiste ya que la imagen de la empresa debe ser congruente desde que alguien llega a una entrevista hasta que se va y deja de laborar, e incluso después.

La salida o desvinculación debe ser lo más amable y sencilla posible, no es un asunto personal, pero es posible que la persona lo perciba así, entonces debes tratar el tema de una forma respetuosa y profesional. No depende de lo que haya sucedido, si la persona no se comportó o hizo algo contra el personal o la organización, es importante que entiendas que no se trata de sus valores o falta de ellos sino de los valores de tu cultura.

La forma con la que trates una salida, no solo se queda en la memoria de esa persona, se queda en todas las personas que siguen trabajando y puede crear una imagen positiva o negativa, seguridad o inseguridad.

Procura ser transparente sobre el despido o renuncia de alguien para evitar especulaciones y cuentos en los pasillos, pero sobre todo debe ser todo legal. Nada de presionar para que renuncie, nada de ahorrarse el pago del despido, nada de buscarle o inventarle, si se ha decidido darle las gracias hay que pagarle conforme a la ley y completo, eso demuestra respeto, profesionalismo, responsabilidad y madurez.

Nadie es imprescindible, pero todos somos irremplazables. Cuando alguien se va, se lleva todo su conocimiento, experiencia y formas de resolver las cosas, lo cual muy difícilmente encontraremos en su reemplazo, puede ser mejor o no, pero los elementos que aportaba en conjunto eran únicos y dedicó tiempo y esfuerzo a la empresa, por eso hay que tratarlo con respeto.

Aun cuando haya sido holgazán, mal hecho, rebelde o cualquier adjetivo que quieras ponerle, puede ser un juicio subjetivo, pero recuerda que eres el responsable de haber aceptado a alguien con esas características y siempre una contratación es 50%, pero un despido es 100% si no hubo malas prácticas para sacarlo.

### 9. Táctica de Ascenso Todavía Más Rápido

Cuando encuentres a una persona en tu equipo que desarrolla y aplica rápidamente sus habilidades humanas, aprende, es entusiasta y puede aportar mucho, te recomiendo que lo asciendas tan rápido como sea posible para no perderlo.

Ese tipo de personas no es tan común, hay muy buenos trabajadores que cumplen con sus labores, pero quienes dan más y se destacan son los que quieres tener para mayores responsabilidades.

Si tienes a alguien con esas características es muy probable que se desmotive con el paso del tiempo sin tener cambios significativos en su crecimiento y sus ingresos, incluso hay casos donde ven como se asciende a otras personas menos capaces por ser amigos, familiares o cualquier otra cosa de quien toma las decisiones.

Ese tipo de decisiones solo fragmenta la motivación y la productividad de personas que podían brindar mucho valor al puesto que desempeñan y a cargos superiores.

Pero si no puedes ascenderlo, quizá puedas darle algún bono de productividad, beneficios adicionales, el famoso salario emocional pero enfocado a sus gustos, preferencias y aficiones, es decir, procurar tener a tus mejores elementos animados y dispuestos a continuar dando a tu equipo sus mejores herramientas.

Demostrar el aprecio por el esfuerzo realizado y no solo por los resultados es una excelente manera de liderar, si va unido a un ascenso y mayor ingreso, entonces tendrás personas más comprometidas con su actividad y con el negocio.

## 10. Táctica de la Densidad de Talento

No todo ha sido éxitos para Netflix, en sus primeros años fueron descubriendo cómo reducir los procesos y las reglas aumentaba la productividad, pero eso les costó bastantes tropiezos y miles de dólares.

En un momento específico tuvieron que despedir a una buena cantidad del personal para poder seguir a flote, así que determinaron que se irían los que brindaban menores resultados, no solo numéricos, sino en actitud, compromiso, esfuerzo y demás.

Debe haber sido una decisión extremadamente difícil para cada miembro del equipo a cargo de determinar quién se quedaba y quien se iba.

Al quedarse con las personas que daban mejores resultados y mayores esfuerzos descubrieron algo trascendental que definiría su trabajo posterior, lo llamaron densidad de talento.

Cuando tienes un grupo de personas donde el talento es variable, los mejores se ven detenidos por los que generan esfuerzos promedio y éstos últimos no mejoran, pero cuando solo tienes personas con resultados sobresalientes, esto los impulsa a esforzarse más y mantenerse en una mejora continua.

Pero para lograr tener a los mejores y que se mantengan en su puesto debes pagarles más que en otros lados, si quieres estrellas debes pagarles como estrellas.

A la vez, esta nueva cultura organizacional ha derivado en una de sus más criticadas políticas, solo se pueden quedar los mejores, si dejas de ser el mejor en tu puesto en la industria entonces ya no puedes pertenecer a la empresa.

Se permite cometer errores, los cuales pueden costarle millones de dólares a la empresa, pero no sucede nada si aprendes de ello y la siguiente ocasión logras mejorar, pero si te sigues equivocando entonces pierdes tu posición entre los mejores y te dan las gracias.

Para ellos es sumamente importante aprender de los errores, brindar y recibir retroalimentación positiva, abierta y en cualquier lugar y circunstancia, tener la libertad de manejar presupuestos, permisos y vacaciones abiertos, además de siempre actuar en el mejor beneficio para la empresa.

Eso es densidad de talento, tener a los mejores haciendo lo que mejor saben hacer, lo cual es algo que hace falta en nuestras empresas, no porque tengamos una cultura diferente per se, sino porque no estamos acostumbrados a ofrecer mejores condiciones para tener a los más capaces y terminamos llenando los puestos vacantes con lo mejor que podemos encontrar, según nuestro criterio.

Cuando consideres crear la mejor empresa de todas, es importante que comiences a generar las piezas en cuanto a cultura y procesos para que puedas atraer y crear una densidad de talento que te ayude a lograrlo.

No importa cuantas personas tengas, sino qué tan efectivas son en lo que hacen. Y tu labor no solo es ofrecerles algo muy atractivo, quizá lo mejor de la industria, sino lograr que quieran quedarse con diversas estrategias y tácticas que además de cubrir sus motivadores, los rete a ser cada vez mejores.

Entre mayor sea esa densidad de talento, mayor será el crecimiento y los resultados de la empresa. Ofrece lo que nadie para atraer lo máximo y que se encarguen de llevarte hasta lo más alto.

## CAPITULO 10

## Tácticas de Seguridad del Personal

En este capítulo quiero hablarte sobre 3 importantes aspectos que permiten que las personas decidan quedarse a trabajar en el lugar donde están.

He querido separar este tema con respecto al capítulo anterior porque es bastante importante que comprendas lo que puede generar la falta de estos aspectos, ya que las personas se quedan en sitios donde se sienten seguros, por tanto, las razones de que se vayan de un trabajo pueden clasificarse en uno de estos tres:

- Seguridad económica
- Seguridad laboral
- Seguridad psicológica

No hay forma de que puedas tener equipos efectivos sin personas felices, de la misma forma que no puedes tener personas felices si no se sienten seguras y no puede ser solo en uno o dos aspectos.

Recuerda los momentos, lugares y personas con quienes te has sentido más en paz y sin preocupaciones. Pueden ser familiares o amigos, quienes te brindan un espacio seguro y acogedor.

Pues las empresas, son sus propios aspectos, brindan o quitan esa misma sensación, todo depende hacia dónde se enfoca su cultura organizacional, ya que, una empresa que no se preocupa por su gente, difícilmente la hará sentir segura.

1. **Seguridad económica**

Este es todo un tema controversial porque estamos acostumbrados, o nos han vendido la idea, de que los sueldos son una parte trascendental en la generación de utilidades en cualquier negocio.

Los aumentos de sueldo se vuelven negociaciones difíciles y a veces imposibles, las empresas buscan constantemente los promedios de mercado para ofrecer lo mismo y mantenerse "competitivas".

Pero, ese tipo de empresas no ha entendido un punto en la psicología de sus colaboradores, cuando ocupas el tiempo en preocuparte por la pronta llegada de la siguiente quincena, entonces no te concentras en realizar bien tu trabajo.

Ya sé que algunos dirán que se llega a un acuerdo al momento de la contratación y deben respetarlo y dar el 100% en su trabajo, sin embargo, rara vez es un acuerdo y usualmente es una imposición donde se contrata a quien acepte y no al más apto para el puesto.

Henry Ford lo tuvo claro cuando sus automóviles no se vendían como esperaba, duplicó el sueldo a sus trabajadores para que pudieran comprar lo que ellos mismos producían y con ello circularan más automóviles haciendo difusión del producto.

La estrategia funcionó y comenzó a atraer a más compradores, además de reducir drásticamente la tasa de rotación de personal y lograr que las personas quisieran entrar a trabajar a la fábrica.

Es natural que, si ofreces un sueldo superior al promedio del mercado, mucha más gente querrá trabajar en tu empresa, pero debe ir respaldado de una buena cultura organizacional, que sea congruente al demostrar diariamente la importancia que tiene el personal.

La seguridad económica permite a las personas concentrarse en su labor diaria y ser más productivos, porque les brinda tranquilidad al saber que su pago es superior pero debido a que ellas se lo han ganado y se lo merecen.

Otro punto importante son los aumentos de sueldo, que por lo menos deben darse cada año y ser superiores a la inflación. Empresa que no puede dar a sus empleados aumentos que sobrepasen una inflación controlada, tiene problemas más serios que no les están generando ingresos suficientes y debe atenderlos de inmediato, antes de que le sea imposible completar para la nómina.

También sé que hay gente que considera una locura pagar más a las personas porque van a gastar más y pedirán otro aumento, o que hay quienes no se merecen que se les suba el sueldo o se les ofrezca uno mejor porque no dan los resultados pedidos.

En primer lugar, dar mejores sueldos está ligado a hacer lo correcto por las personas que ayudan a que la empresa tenga éxito y su objetivo es que trabajen tranquilos y felices para que ayuden a generar más ingresos.

En segundo lugar, tener sueldos promedio provoca que tengas empleados promedio que se van a ir a otro lugar en cuanto les ofrezcan un 10% más, porque está ligado a la cultura organizacional y, si no te preocupas por su bienestar económico, tampoco te vas a preocupar por el resto de los aspectos de la persona, así que no serán leales.

En tercer lugar, cuando alguien tiene problemas con el manejo del dinero y recibe una cantidad suficiente para no tenerlos, es momento de ayudarle con capacitación, herramientas y recursos en el tema.

La seguridad económica no es un juego que se pueda minimizar aludiendo que hay más personas que tomarían el puesto con un sueldo de mercado, es un factor muy importante para la satisfacción del personal que no puede hacerse a un lado si se desea crecer.

Dicen por ahí, paga cacahuates y tendrás changos, pero también se menciona que si quieres tener estrellas debes pagarles como estrellas.

Veo constantemente que las vacantes mencionan estar buscando al mejor talento, pero cuando llegas a la parte del sueldo no están pagando por el mejor, sino por el que acepte. Lo cual lleva a los reclutadores internos a no ser buscadores de talento, sino simplemente llenar requisitos para cada cargo, llenando así a la empresa de personas que podrían tener un excelente desempeño, pero se les paga por hacer lo mínimo necesario.

Y nuevamente lo menciono, subir los sueldos va a impactar las finanzas de la empresa, pero no por elevar los gastos, sino porque, con estrategias integrales a favor del personal, se eleva la productividad y los ingresos. Aunque hay gente que no lo cree y no ve una relación entre ambas variables, porque nunca se han animado a pagar más e implementar una cultura que lo respalde.

## 2. Seguridad laboral

El segundo aspecto es bastante similar y tiene que ver con que cada persona se sienta segura de que puede mantener su empleo, a pesar de equivocaciones que todos tenemos y de situaciones que pueden hacer difícil obtener resultados.

Cuando te basas en metas para determinar la permanencia de las personas en la organización, estás dando el mensaje, equivocado, de que no importa el esfuerzo el aprendizaje, la constancia y la resiliencia, solo importa que llegues a los números. Y adivina qué sucede con eso, las personas que no llegan se empiezan a sentir inseguras y eso provoca más errores y más inseguridad.

Pero vayamos desde el principio, cuando contratas a alguien, el primer valor de que debes otorgar es la confianza, nada de contratitos de prueba o de capacitación y que demuestre que puede con el trabajo o se va.

Esos contratos demuestran lo contrario, falta de confianza, en el nuevo elemento, en quien lo reclutó, en el sistema de selección y en la cultura organizacional. Es mucho más fácil no renovar el contrato que corregir lo que se hace mal y, por eso, muchas empresas se mantienen en un círculo interminable de contrataciones y despidos.

Si brindas confianza desde el inicio, dando contratos indeterminados, asumiendo la responsabilidad absoluta en caso de error, estás dando una señal de liderazgo y de seguridad que le permite a la persona no estar preocupada por su puesto.

Esto debe ir de la mano con apoyo constante a sus actividades, comunicación asertiva, retroalimentación positiva y paciencia, que demuestren al empleado que puede sentirse con la seguridad de que mantendrá su puesto mientras trabaje bien y decida seguir yendo a ese lugar a aportar con su trabajo.

Algunos piensan que son las personas quienes deben ganarse el lugar, pero para eso mejor realiza concursos y el que gane que se quede con el puesto.

Y para serte muy honesto, muchos de quienes piensan que es mejor brindar un contrato temporal para que el empleado demuestre algo, que muchas veces no saben en realidad qué es, solamente lo hacen por ahorrarse un dinero en indemnización si deben despedirlo.

Alguna vez alguien me comentó que con esa táctica correría el riesgo de quedar en bancarrota, y no me quedó más que decirle que cerrara de una vez porque eso significaba que no tenía ni la forma correcta de detectar talento y muchos menos de lograr que decidan quedarse en su empresa a trabajar.

La seguridad laboral da certeza a la gente de mantener un ingreso para su familia y es uno de los motivadores más poderosos y comunes en nuestra sociedad. No puedes dejar de considerarlo.

### 3. Seguridad psicológica

Hay millones de historias de terror sobre situaciones que se dan en los lugares de trabajo donde se sufre del maltrato, la humillación, el desprecio, el ser ignorado y mucho más, cual si fuesen estudiantes en alguna escuela donde no se evita el uso del bullying.

Es más preocupante cuando el perpetrador de tales bajezas tiene algún cargo de responsabilidad y se le permiten "porque da buenos resultados económicos a la empresa".

Lo he comentado con mucha frecuencia y quiero dejarlo aquí por escrito, si tienes a una persona que tiene este tipo de actitudes, aún sin llegar a algo físico, como líder debes tomar la decisión de dejarlo ir, sobre todo si ya se trató de hacerle entrar en razón, se le han dado herramientas, capacitación y demás.

Debes despedir a todo aquel que maltrate o denigre a otra persona, no importa su cargo, no importa su rango o antigüedad, porque siendo el líder de la empresa es tu responsabilidad al 100%.

Pero si no tienes esa posición, debes estar en contra del abuso en todos sus niveles y denunciar si es necesario, pues actitudes negativas provocan resultados desastrosos tarde o temprano y pueden llevar a la pérdida de talento valioso.

Cuando retiras a una persona que hace daño al ambiente, aunque sea tu mejor gerente o tu mejor vendedor, estás brindando seguridad psicológica a los demás y ya no tendrán que ocupar tiempo en penar como cuidarse o defenderse, por tanto, podrán ser más productivos y sus resultados se elevarán.

Solo que muchas empresas y empresarios tienen miedo de perder los beneficios que les otorga alguien que genera resultados sin importar los medios y el costo.

Por ello, si estás en una empresa con una situación similar y no tienes una posición que lo evite, mi mejor recomendación es que te vayas de ahí en cuanto puedas, porque si la dirección no hace nada al respecto es porque lo permite o porque omite resolverlo debido a sus intereses.

Brindar seguridad psicológica también incluye dar retroalimentación constante y positiva, procurar el bienestar de los empleados, contar con una buena comunicación y un excelente ambiente para lograr que se encuentren tranquilos, trabajando en paz y que la presión solo sea debida a hacer las cosas bien.

Hazle saber a tu equipo y demuéstrales que estás ahí para apoyarlos, ayudarlos, darles guía, consejo, herramientas y todo lo que necesiten en su labor diaria.

## CAPITULO 11

## Más tácticas e ideas

En este capítulo te voy a compartir diferentes conceptos y tácticas que podrás aplicar en las situaciones y contextos adecuados para cada uno.

No las he querido clasificar en capítulos separados porque creo que se pueden utilizar en circunstancias distintas y no tiene sentido encerrarlas en secciones exclusivas.

**1. Resolución de Conflictos**

Una de las habilidades más subvaloradas, porque a nadie le enseñan a desarrollarla, es la de resolver situaciones complejas y tener conversaciones difíciles, creyendo que por tener un cierto rango o posición deberá ser capaz de hacerlo.

Así es como terminamos haciendo los problemas más grandes debido a la falta de herramientas adecuadas para la situación, lo que lleva a aprovechar para recriminar situaciones anteriores, gritar, amenazar e incluso a la agresión verbal y física.

En generaciones anteriores se consideraban normales ciertos tratos y se justificaban, pero eso no quería decir que fueran correctos. En la actualidad también hay quienes exageran y se sienten ofendidos por recibir una llamada de atención.

Resolver conflictos adecuadamente implica escuchar, ser empático y establecer acuerdos que sean de mutuo beneficio a través de contextos adecuados.

Hay dos ejemplos que me gusta usar para iniciar el tema de resolución de conflictos y que pone en perspectiva como los controles a veces entorpecen y una poca o nula capacitación en el tema puede empeorar las cosas.

El primero de ellos lo aprendí siendo estudiante de preparatoria y fue a través de mi padre, quien en ese entonces había tomado un programa de entrenamiento para Gerente de Restaurante en Sanborns.

Me gustaba ir por las tardes a la tienda, ver la inmensa cantidad de productos que había y sentarme a esperarlo salir de su turno en una de las mesas cuando no estaba lleno el lugar.

A él lo estuvieron rotando de un restaurante a otro porque levantaba las ventas y lo hacía a través del trato que daba al personal, así que buena parte de la influencia que tengo viene heredada.

En cierta ocasión, una mesera del restaurante llegó 20 minutos tarde al trabajo, lo cual ameritaba, de acuerdo con las políticas de la empresa, que debía ser enviada a su casa y se le descontaría el día.

Para mala suerte de ella, ese día estaba en la sucursal el supervisor de zona, un típico hombre apegado de forma inflexible a reglas y procedimientos, así que dió la instrucción de que se fuera a casa y mi padre no se lo permitió.

Ya se había generado el conflicto de tener una persona menos en el servicio por 20 minutos, no iba a permitir que eso se complicara aún más cuando llegara la hora pico de servicio, además de que no era justo para el resto del equipo quienes tendrían que tender más mesas y eso podría afectar la calidad de la atención.

Al final de la jornada se quedaría 20 minutos a reponer el tiempo y a nadie se le descontaría nada. Así fue como lo resolvió, sin regaños, sin diferencias, escuchando las razones de su llegada tarde y estableciendo un punto de acuerdo.

No había razón para hacer las cosas más complicadas, aunque al supervisor no le haya gustado la decisión.

El segundo tiene que ver, curiosamente, también con retardos, en otra empresa y lugar, pero en esta ocasión se estaban volviendo frecuentes y casi diarios.

La persona a cargo de Recursos Humanos, a quien le tocó jugar el papel del malo en esta historia, estaba por aplicar los descuentos respectivos y considerar un despido por acumulación de retardos que se contabilizaban como faltas pasando cierta cantidad.

El dueño de la empresa se enteró de la situación y pidió hablar con la mujer que estaba repitiendo ese patrón antes de que se le descontara algo, quería saber lo que sucedía y si había algo en lo que pudiera ayudar.

La situación era que su vida había cambiado drásticamente, por las mañanas debía llevar a su pequeño hijo a la escuela en transporte público y luego tomar otros dos para llegar al trabajo.

No había forma de que pudiera llegar a la hora de entrada y aunque se conversó sobre cambiar a su hijo a una escuela más cercana, no era algo factible en el momento, así que se determinó que se recorriera su hora de entrada.

Una solución sencilla y que evitaba generar algún otro tipo de conflicto o frustración, demostrando así que no hay que dar tantos brincos estando el suelo tan parejo.

Ahora bien, no todas las conversaciones son sencillas, ni todos los conflictos se resuelven de forma simple, seguramente has tenido y seguirás teniendo situaciones donde, a pesar de brindar todas las herramientas y apoyo, no haya una respuesta o actitud favorable.

Pero antes de que desenvaines la espada y desees cortar la cabeza de la persona que está incumpliendo, debes recordar que hay una cultura organizacional y unos valores que deben respetarse, pues, como ya hemos visto, todas las miradas están puestas en las decisiones que se toman en circunstancias complicadas.

De hecho, los mismos directivos, gerentes y mandos medios aprenden a enfrentar los conflictos de la manera que la dirección general les enseña, lo observan y/o se les permite.

Así que, esta es una táctica de 3 pasos para resolver un conflicto con un empleado que no está cumpliendo.

Paso 1. Es sumamente importante que trates el problema presente, no que saques una lista de situaciones o veces en que ha sucedido. Esto no es como una discusión de pareja, la cual tampoco debería ser así, pero es lo más común, hay un desacuerdo y se encienden los ánimos, lo cual lleva a horas interminables de reclamos por cosas que ya se había reclamado antes y hasta se habían "resuelto".

Lo mismo se hace en el trabajo, si una persona no ha entregado un reporte por tercera vez y no le dijiste nada las dos primeras veces, ya perdiste tu oportunidad, no tiene ningún caso que menciones las anteriores y solo vas a generar rechazo y frustración, además de que era tu responsabilidad atacar a situación desde la primera vez y lo dejaste pasar, no hay excusa, el pasado ya no se toca.

Establecido esto, el primer paso es hablar del tiempo presente: "El día de hoy entregaste un reporte que debía estar listo hace tres días".

Paso 2. No vas a pedir explicaciones, a menos que sea una situación como los ejemplos anteriores, sin embargo, siendo la tercera vez ya deberías saber las razones, así que en este paso vas a presentar la parte emotiva, pero debe ser real pues tratar de fingirlo es tan absurdo como querer parar una pelea lanzando golpes.

Vas a continuar con palabras que realmente sientas: "Esto me preocupa realmente y me hace sentir que quizá no te he dado las herramientas adecuadas, pero a la vez me parece que no te interesa mucho el cumplimiento de esta labor".

Vas a presentar tu argumento basado en emociones, estarás pasando del razonamiento y la lógica hacia lo que nos mueve con mayor fuerza que es el sentimiento, por eso debe ser claro y real. Realmente te debe preocupar la persona.

Paso 3. Es entonces cuando vas a establecer los límites de manera sutil y amable, determinando lo que pudiera pasar si se repite la situación y dejando en claro que es algo que no deseas que pase.

"Me parece que, si esto continúa ocurriendo, a pesar de ofrecerte la apertura para que te acerques a preguntar o pedir ayuda, se puede llegar al punto de perder confianza en que cumplirás con las metas y actividades de tu labor".

En este punto guardas silencio y das unos minutos a que recapacite, es muy probable que empiece a defenderse, a culpar a otros o las circunstancias y tú debes tener muy claro tu responsabilidad y la suya, tú estás a cargo de él y él está a cargo de realizar ese reporte.

A pesar de su defensa, no vas a cambiar el guión, ni vas a traer otros temas, ni tampoco vas a hablar de otras personas, para resolver el conflicto específico debes enfocarte en él, los otros temas podrán tocarse en otra plática, quizá en la cita mensual que tienes con cada miembro de tu equipo, ese será el momento de hablarlo, no ahora.

Una vez que termine, le vas a repetir exactamente los 3 pasos, cual es la situación presente, como te hace sentir, y lo que no quieres que pase si continúa. Esto hará que deje de ponerse a la defensiva e interiorice lo que debe realizar a partir de ese momento.

Lo más importante de esta táctica es que todo el tiempo debe hacerse con amabilidad, porque esa es la habilidad, característica, destreza o como quieras llamarle, más poderosa de todas. No hay forma de que venzas a una actitud realmente amable.

### 2. Dar y Recibir Retroalimentación

Dice Reed Hashtings, cofundador de Netflix, con mucha razón, que no se prepara a las personas para dar retroalimentación y mucho menos para recibirla.

En nuestra cultura no se retroalimenta a quien está en el siguiente nivel de la jerarquía por miedo a represalias y eso se debe al gran ego que se tiene al gestionar equipos, siendo considerado por muchos como una falta de respeto corregir o indicar los errores de quien está al frente.

Así tenemos por un lado jefes que no saben comunicarse, no saben cómo dar retroalimentación y mucho menos recibirla. Mientras que por el otro tenemos personas temerosas de decir lo que piensan o lo que ven, incluso aunque pudiera ser un beneficio para todos y cuando lo hacen usan palabras o actitudes inadecuadas.

Hay dos tipos de retroalimentación que puedes considerar, la retroalimentación continua positiva y la retroalimentación de desempeño.

De entrada, te voy a confesar que no soy fanático de las evaluaciones de desempeño porque creo que han sido usadas muy frecuentemente como medio de presión y hasta de chantaje por parte de quien las aplica para que se cumplan ciertos lineamientos y no perder el empleo, donde además no te brindan las herramientas y/o conocimientos necesarios para poder completar las asignaciones.

Empecemos por la retroalimentación continua positiva, en ella es importante que procures observar lo que se está haciendo bien y reconocerlo en el momento. Normalmente se le llama la atención a la gente y se le dan "cometarios constructivos" que son percibidos en su forma real "lo estás haciendo mal".

Cuando siempre le dices a alguien lo que hace mal o le señalas que no llega a sus metas y objetivos, lo que provocas es que esa persona se sienta incapaz de lograrlo, se sienta infravalorada y que se frustre, provocando un círculo vicioso que alimentará el mismo resultado una y otra vez.

La retroalimentación positiva se centra en el esfuerzo principalmente, más que en las metas, lo que causa un estado de ánimo sostenible y que refuerza la autoestima y el deseo de logro en las personas.

Cuando estás reconociendo el esfuerzo, lo que sucede en el interior de las personas es que las motivas a seguir ese mismo camino y, adivina que, ese esfuerzo constante aunado al reconocimiento que reciben hace que alcancen las metas y las superen, porque van en una tendencia al alza.

Recuerda que los motivadores son diversos y hay personas que con una palmada se sienten útiles y productivas, otras requieren ser reconocidos por su dedicación y trabajo hasta con detalles simples o flexibilidad y otras más buscan ser valoradas y con ello recibir bonos o ascensos, así que debes estar muy atento a los motivadores de cada persona y ajustar la retroalimentación para que cubra esas expectativas.

Unas palabras amables a las personas con las que te cruzas o trabajas durante el día pueden incluso cambiarle la perspectiva de problemas que tenga en otras áreas de su vida, no lo consideres como algo que aporta poco, sino todo lo contrario.

Y eso además fortalece la confianza, con lo cual se mejora la comunicación y permite que te informen cuando hay algún problema, preocupación o situación y sea más fácil resolverlo. Todo va encaminado a tener unas raíces fuertes en el ambiente laboral para que las cosas fluyan y se conecten, tanto en momentos fáciles como en cuestiones complicadas y difíciles.

### 3. Gestionar las Emociones con Inteligencia

Podría escribir muchas cosas sobre la Inteligencia Emocional que nos trajo al mundo Daniel Goleman y los principales aspectos que es importante que consideres, pero quisiera enfocarme en dos que me parecen fundamentales para el objetivo de este libro: el autoconocimiento y la empatía.

Como líder no solo es importante conocer a las personas a las que tienes a tu cuidado, sino auto conocerte, saber cuáles son tus fortalezas y tus debilidades, de esa manera podrás tener un mejor equipo que complemente los puntos que te hacen falta.

El auto conocimiento te permite saber qué te impulsa, qué te motiva y qué situaciones pueden disparar tus distintas emociones, porque no hay forma de que puedas gestionar a las personas y ayudarlas en el manejo de sus propis emociones si desconoces las tuyas.

Otra de las ventajas es que, al conocer tus fortalezas, te puedes centrar en ellas y hacer lo que mejor sabes, lo cual ayuda a reducir tus debilidades, por tanto, hay que estar pendiente de la forma en la que te relacionas con cada una de las personas para determinar los momentos que generan en forma automática una reacción y poder regularla de ser necesario.

Las personas reaccionamos cuando no tenemos desarrollada la inteligencia emocional, lo cual no es necesariamente malo, en una situación de riesgo o peligro, es necesario reaccionar para evitar lesiones, pero en las relaciones comunes, no es tan bueno dejar que las emociones se desborden y nos hagan perder el control.

Seguramente has visto videos de personas fúricas, gritando, aventando cosas y golpeando muebles o rompiendo computadoras. Son reacciones donde dichas personas rebasan el límite de sus emociones, no saben regularlas y pierden todo control.

Para desarrollar la inteligencia emocional en tu equipo debes empezar por ti. Descubre que factores son los que impulsan una emoción o reacción y evita que se desborde, así podrás reconocer el patrón y cambiarlo en caso de requerirlo.

Ahora hablemos de la empatía, porque ella es la que te asegura acercarte a las personas y generar la confianza que se necesita para formar un equipo sólido.

Se habla mucho de este tema, pero se explica poco en cuanto a la forma de desarrollarla. No se trata de escuchar las personas y "ponerse en sus zapaos", porque muchas veces no es posible que lo hagas, hay situaciones que nunca has vivido y es imposible sentir lo mismo que ellos.

Para desarrollar empatía no basta con escuchar, debes comprender a las personas, entender por qué piensan y por qué sienten de esa forma, qué los impulsa y cómo les afecta la situación que están viviendo.

Hay que reconocer los sentimientos que se encuentran detrás de cada forma de actuar, debido a que muchas veces afectan las relaciones en el trabajo y la productividad.

La alegría y el optimismo fomentan la colaboración, mejora la comunicación y la cooperación. Con esto aumenta la motivación, el compromiso y la creatividad, lo cual lleva a un mejor rendimiento y eficiencia en las tareas.

El entusiasmo y la pasión generan una atmósfera que puede ser contagiosa, mejorando el clima laboral y promoviendo un sentido de pertenencia. Además, estimula la iniciativa y la innovación, lo que resulta en proyectos más exitosos y mayor eficiencia.

La gratitud y el reconocimiento fomentan el apoyo y la apreciación mutua, fortaleciendo las relaciones interpersonales y la lealtad. Mientras que aumentan la moral y el sentido de valor personal, mejorando el rendimiento y la retención de empleados.

El estrés y la ansiedad pueden causar tensiones y conflictos entre el personal, reduciendo la calidad de la comunicación y la cooperación. Pueden disminuir la capacidad de concentración, aumentar los errores y reducir la eficiencia del trabajo.

La ira y la frustración pueden llevar a confrontaciones y resentimientos, deteriorando las relaciones laborales y creando un ambiente hostil. Pueden distraer a los empleados, reducir la moral y provocar un aumento en el ausentismo y la rotación de personal.

La tristeza y la desmotivación aíslan a los empleados, reduciendo la cohesión del equipo y la colaboración. Pueden disminuir la energía y el compromiso, afectando el rendimiento y la capacidad para cumplir con los plazos y objetivos.

Para minimizar el impacto negativo y maximizar los beneficios de las emociones positivas en el trabajo, además de empatizar:

- Fomenta un ambiente de trabajo positivo. Crea una cultura organizacional que valore y reconozca el esfuerzo y los logros del personal.

- Proporciona apoyo emocional. Ofrece recursos como programas de bienestar, asesoramiento y actividades de team-building.

- Promueve una comunicación abierta. Facilita canales de comunicación efectivos para que los empleados puedan expresar sus emociones y preocupaciones.

- Desarrolla habilidades emocionales. Capacita a los empleados y líderes en inteligencia emocional para que puedan manejar sus propias emociones y las de los demás de manera efectiva.

Desarrollar la empatía es un proceso continuo que requiere práctica y compromiso. Conforme se mejora esta habilidad, se pueden construir relaciones más fuertes y efectivas para llegar a un entorno más positivo tanto en la vida personal como profesional.

Para desarrollar la empatía puedes realizar estas recomendaciones:

- Escucha activa, lo cual implica una atención completa de lo que la otra persona está diciendo, sin interrupciones ni distracciones. Además, es importante repetir o parafrasear lo que ha dicho la otra persona para asegurarse de haber entendido correctamente el tema.

- Observación, incluye observar el lenguaje corporal, las expresiones faciales, gestos y posturas para comprender las emociones no verbalizadas. Prestando atención al tono de voz, las inflexiones se pueden captar las emociones ocultas.

- Desarrollo de la conciencia emocional, siendo consciente de las propias emociones y cómo pueden influir en las interacciones con otros. Reconociendo las emociones mediante la práctica.

- Práctica de la compasión, mostrando amabilidad y consideración, así como ofreciendo ayuda cuando lo necesiten, mostrando una verdadera preocupación por los demás.

- Exposición a diversas perspectivas, mediante la lectura de literatura diversa con diferentes puntos de vista y experiencias de vida. Conversando con personas de distintas culturas y antecedentes para comprender sus experiencias.

- Reflexión personal, con la autoevaluación sobre las propias experiencias y reacciones emocionales para comprender mejor como responder de manera más empática en el futuro. Pidiendo retroalimentación a amigos y colegas sobre cómo se te percibe para encontrar áreas de mejora.

**4. Brinca las Reglas si es Necesario**

La reglas y políticas están para cumplirse, siempre que sean justas y permitan hacer lo correcto, por tanto, como líder tu función es trabajar para tu equipo, no al revés, y eso implica apoyarlos y cuidarlos, lo cual en gran medida también beneficia a la empresa.

En otra ocasión conversando con mi padre sobre su trabajo, me comentó que el sentido común es más importante que reglas rígidas y lo ejemplificó con el caso de las meseras del restaurante que ya se sentían incómodas porque los uniformes se estaban empezando a romper de tanto uso y lavadas.

Ella mismas debía estar cociendo las faldas y se notaba la diferencia en algunas, pero la política indicaba que, por presupuesto, habría uniformes nuevos dentro de 3 meses. Obviamente eso no era hacer lo correcto, era seguir una política que no consideraba la realidad de la operación.

Decidió solicitar el adelanto de la compra de uniformes al supervisor de la zona, quien se negó a autorizarlo argumentando precisamente dicha política, así que no le quedó más remedio que pedir ser atendido por la junta de directores a quienes les expuso la incomodidad del personal y el problema de imagen que acarreaba esa situación.

Fue autorizada la compra y reafirmó el respeto de tu personal, pero se ganó el desprecio del supervisor quien no lo recomendó para ascender en la empresa cuando se tuvo la oportunidad.

Pro esto también aplica a los clientes y esa famosa frase de "el cliente siempre tiene la razón", yo diría, siempre y cuando sea justa esa razón, de lo contrario no la tiene.

Esa política de permitirle a clientes molestos todo lo que se les antoje hacer y decir por no generar un conflicto mayor tiene su parte de razón, sin embargo, también es escudarse en el miedo al qué dirán si rompo la regla.

Por ejemplo, un cliente recurrente un día se pasó de copas y empezó a molestar a una mesera del restaurante, se le pidió de manera cortés que se retirara y dejara a la mesera en paz, siguiendo el protocolo se dio la instrucción de no servirle una copa más, lo cual lo enfureció e intentó agredir físicamente, terminando por sacarlo y colocarlo en la parte trasera de una patrulla.

Y hay que tener mucho cuidado en la inflexibilidad de las reglas y el empoderamiento del personal o, todo lo contrario. Repito, las reglas y políticas están para seguirse, pero no siempre de forma literal, si no son flexibles, acorde con la situación se vuelven un estorbo y empeoran las cosas.

Quizá recuerdes la situación que sucedió con la aerolínea United que bajó violentamente del avión a un pasajero porque se había sobre vendido el vuelo.

Nadie quiso ceder su lugar para la tripulación, así que la aerolínea decidió sortear quien se bajaría voluntariamente a fuerzas, así es como ese hombre salió sorteado y al negarse se recurrió a sacarlo y arrastrarlo por parte del cuerpo de seguridad.

No se hizo lo correcto, por más protocolos, reglas y políticas, todo estuvo mal aplicado y se debió a que el personal tenía mucho miedo de perder su empleo si no aplicaban esas reglas en caso de sobreventa, y así fue como hicieron lo que nunca deberían haber hecho.

Hay muchos casos de aplicación incorrecta, de hecho, incluso las leyes deben considerare como lo mínimo a cumplir, pero no necesariamente son correctas en todos los casos. Por ejemplo, no es correcto despedir a alguien y no pagarle una indemnización que marca la ley, pero se hace porque en otra parte de la misma ley se permite tener contratos a prueba o por capacitación de 3 o 6 meses donde al final del periodo no se le renueva contrato y simplemente se va sin indemnización.

O qué me dices de presionar al personal de tal forma que se canse, se fastidie y termine renunciando, todo con el único fin de que no se le pague por despedirlo, algo demasiado común, que no es correcto, no es ético y no tiene que ver con el desempeño.

Desafortunadamente hay mucha gente, que incluso me lo han dicho, "¿por qué le voy a pagar a alguien que no trabajó bien o no llego a sus metas?, lo canso para que se vaya". Mi respuesta siempre es: "porque es lo correcto, es lo ético y es tu responsabilidad su forma de trabajar y sus metas, deberías pagarle por tus valores y no dejar de pagarle por su desempeño".

## 5. Ni tolerancia a la Frustración, ni Trabajo Bajo Presión

Hablando un poco de reclutamiento y selección de personal, me he encontrado, y seguramente lo has visto mucho en vacantes de empleo, que llegan a poner como requisitos una o las dos cosas.

Sin embargo, ni la tolerancia a la frustración ni el trabajo bajo presión son habilidades, más bien demuestran la mala organización y cultura organizacional de la empresa, esa es la impresión que dan y que se comprueba muchas veces cuando se entra a trabajar.

Jornadas de trabajo extenuantes, tiempos de entrega imposibles, mal ambiente, falta de herramientas de trabajo y capacitación, nulas posibilidades de desarrollo y crecimiento, y un largo etcétera.

Hay personas que consideran que se deben tener niveles de estrés y frustración en el trabajo y sin ellos se va a reaccionar equivocadamente ante las situaciones, pero eso es precisamente el desarrollo de la inteligencia emocional y la habilidad de resolución de conflictos.

Sabemos perfectamente tú y yo de lo que hablamos cuando se trata de tolerancia a la frustración y trabajo bajo presión, no tiene caso hablar de términos catedráticos y de significados, cuando sabemos que los jefes, gerentes y directores no están preparados cuando asumen el cargo y cometen el error de crear y permitir más presión y frustración en su personal.

De acuerdo con la Organización Mundial de la Salud OMS y la Organización Internacional del Trabajo OIT, en un informe de 2021 estimó que 745 mil personas murieron en 2016 por accidentes cardiovasculares y enfermedades cardiacas asociadas con largas jornadas laborales.

Un estudio de las universidades de Harvard y Stanford de 2015 encontró que el estrés asociado con el trabajo contribuye a 120,000 muertes anuales solo en Estados Unidos.

El estrés mata, pero antes de eso reduce las defensas del sistema inmune y acarrea enfermedades que afectan la productividad, pero también causa enfermedades mentales como depresión, insomnio, ansiedad y otras que merman las condiciones de las personas.

Por eso es tan importante, no solo evitar anunciar que se busca personal que soporte los altos niveles de frustración y presión que existen en la empresa que busca cubrir las vacantes, sino también establecer una cultura organizacional que evite elevar esos niveles por encima de una media normal considerada por un trabajo importante o una fecha de entrega y, además, no sobre cargar a las personas.

Entendiendo que sobrecargarlas no es solo llenarlas de más actividades y darles fechas o metas difíciles de cumplir, sino que también implica dejar una vacante vacía a propósito y repartir las actividades y responsabilidades con el resto del equipo, de forma prácticamente permanente, sin aumento de sueldo y pretendiendo ahorrarse una contratación. Eso es completamente contraproducente en todos los ámbitos.

Las tácticas para reducir o evitar presión o estrés y frustración te ayudan a tener equipos mejor equilibrados emocional y físicamente:

- Promueve el equilibrio vida-trabajo, fomentando horarios flexibles y teletrabajo cuando sea posible, animando a los empleados a descansar y tomar sus vacaciones en tiempo y forma.

- Crea entornos saludables, asegurando ambientes cómodos y seguros y acceso a servicios de asesoramiento y salud física y psicológica.

- Establece expectativas claras y realistas, definiendo roles y responsabilidades de manera clara y definida, a la vez que se proporciona retroalimentación positiva y metas realmente alcanzables.

- Fomenta la comunicación abierta con canales efectivos y accesibles que consideren la forma de comunicarse de cada persona y su dominancia cerebral y creando el contexto para que el personal se sienta cómodo compartiendo sus preocupaciones y sugerencias, sintiéndose escuchados, atendidos y reconocidos.

- Incluye programas de bienestar que incluyan ejercicio, meditación y manejo del estrés e incentivos para participar en actividades saludables.

- Provee los recursos adecuados al brindar las herramientas, recursos y capacitación necesarios para realizar su trabajo, así como el desarrollo y formación continuos.

- Maneja las cargas de trabajo de forma equitativa, distribuyendo las tareas de manera justa y evitar sobrecarga, considerando las fortalezas de cada persona y en lo que son realmente buenos.

- Reconoce y valora el trabajo de la forma que ya he comentado, conociendo al personal, sus motivadores, sus gustos, preferencia y demás datos que te permitan crearles experiencias extraordinarias y agradecimientos personales.

- Soluciona conflictos de manera eficaz, fomentando una cultura de respeto y apoyo mutuo donde se apliquen las tácticas de resolución de conflictos en forma constructiva y justa.

### 6. Todo comienza con la mentalidad correcta

Cada una de las tácticas, de los pasos, de las estrategias y de las ideas que has leído hasta ahora requiere de tener la mentalidad adecuada.

Ya te he hablado en un capítulo específico sobre el Triángulo del Éxito, cuya base es la mentalidad. Ahí te mencioné sobre la paciencia, creer que eres capaz, saber que tienes la posibilidad y reconocer lo que debes adquirir o mejorar.

Ahora te quiero mostrar una táctica muy sencilla para elevar tu mentalidad y tener la motivación para ponerte en acción, pero primero deseo explicarte cómo funciona.

Cuando tienes una depresión o simplemente tristeza, la posición y los movimientos de tu cuerpo lo reflejan, demuestras lo que hay en tu cabeza a través de tu estado físico. Vas con la cabeza mirando al piso, los hombros caídos hacia adelante, con poca energía o sin ganas de hacer nada ¿te suena familiar?

Cuando estás feliz sucede lo mismo con tu cuerpo, vas con la cabeza erguida, el pecho en postura de orgullo, tus movimientos son ágiles, rápidos y enérgicos porque en ese momento te sientes capaz de hacerlo todo.

Cuando sientes frustración o molestia, tu energía se desborda, tiende a exagerar, hablas rápido y fuerte con un tono de voz amenazante, oprimes los puños y tu mirada es retadora.

Entonces, podemos concluir que tu cuerpo reacciona a los estímulos emocionales de tu cerebro, la forma en la que te sientes afecta cómo te ves ante los demás y la manera en que consumes la energía de tu organismo.

Ahora déjame decirte algo que no muchos te cuentan, puedes usar el mismo circuito al revés. Usar tu cuerpo para decirle a tu mente cuáles emociones deseas manejar dada una cierta situación o simplemente para sentirte mejor.

Esto funciona muy bien cuando tienes una emoción negativa y quieres reducirla o eliminarla, sin embargo, esto es lo curioso, cuando estás en una emoción o mentalidad positiva no puedes hacer que tu mente cambie de forma contraria.

Si estás feliz intenta mirar al piso, caminar despacio, con los hombros caídos hacia adelante y no habrá forma de que se te quite la felicidad, hasta te vas a reír. Esto es debido a los químicos que tu mente ha segregado para tener esa emoción, no es posible desecharlos tan fácilmente.

Pero tu cuerpo alimenta tus pensamientos y tus pensamientos alimentan a tu cuerpo, por eso una situación dramática o alguna tragedia se mantienen tanto tiempo vigentes, pues constantemente se están alimentando uno al otro para mantenerse en ese estado.

Ahora bien, cuando no sientas seguridad, te preocupe algo, o estés en un estado emocional negativo, te propongo que hagas esta táctica:

Ponte de pie, no funciona ni sentado ni acostado, enderézate, coloca tus manos en la cintura y saca el pecho en señal de orgullo, levanta la cara y siéntete Superman o la Mujer Maravilla o cualquier personaje que te inspire poder y capacidad.

Mantén esa posición por 2 minutos y comenzarás a notar que los pensamientos negativos van desapareciendo y los positivos toman el mando. Una vez que lo haces te sientes muy bien, capaz de realizar y resolver cualquier cosa que tengas pendiente y ese es el momento en el que lo tienes que hacer, aprovechar el estado emocional que has generado voluntariamente.

Esto se debe a que los neurotransmisores como la dopamina y la serotonina son liberados por nuestro organismo por la simple postura corporal.

La dopamina se libera cuando anticipamos o experimentamos algo placentero o satisfactorio, mientras que la serotonina aumenta la confianza en uno mismo y la capacidad de enfrentar desafíos.

No te estoy pidiendo que te pongas una capa o un escudo y te pares frente a todos en actitud de superhéroe, puedes hacerlo en privado antes de hacer alguna presentación o realizar alguna actividad que te cause nerviosismo.

Verás como tu confianza se eleva y, tanto tu cuerpo como tu mente, están listos para enfrentar el reto y sacarlo adelante.

### 7. Ponte en Acción, Ponte a la Ofensiva

Mucha gente planea y planea, otros imaginan e imaginan, ninguna de las dos está mal, siempre y cuando se pase del pensamiento a la acción.

Puedes decretar todo lo que quieras, hacer un cuadro de visión futura, imprimir un billete de 1 millón y verlo cada mañana, pedir tus deseos apagando la velas en tu cumpleaños o haciendo tu lista de propósitos de año nuevo, sin embargo, al año siguiente harás todo de nuevo porque no se cumplieron ya que no te pusiste en acción, no te pusiste a la ofensiva.

Me gusta esta frase porque me gusta el futbol americano, cada jugada ofensiva está diseñada para avanzar y buscar la anotación, se da un paso a la vez y, aunque en el juego solo tienen 4 oportunidades para avanzar 10 yardas, en la vida tienes un número ilimitado de yardas que puedes avanzar y puedes ir 1 a la vez.

El tenis es otro deporte que me gusta porque juegas cada punto y te concentras únicamente en ese punto para avanzar un poco a la vez y terminar ganando el partido, a veces se gana y otras no, pero es parte del juego.

En cualquier parte de tu vida aplica la misma regla, ponte a la ofensiva, avanza un paso a la vez, sigue adelante, ponte en acción pues nada te va a llegar, nada vas a resolver si no pones manos a la obra y aplicas el Triángulo del Éxito (mentalidad, constancia y persistencia).

Al liderar equipos es importante que demuestres que importa la planeación y la organización, pero deben siempre ser seguidas de la ejecución, de la parte donde todo eso planeado y organizado se pone en marcha y se realiza.

No aprendes a nadar leyendo un libro o viendo un video, así como no puedes liderar sentado en tu escritorio, es necesario ensuciarse las manos, en sentido figurado.

Y debes trabajar duro, no quiero decir que tu trabajo deba ser pesado o difícil, sino que tienes que tener la capacidad y la mentalidad de enfrentar problemas y resolverlos, de coordinar y empoderar a un equipo, de comunicar y supervisar un trabajo, hacer las cosas necesarias para apoyar a tu personal y que logren el objetivo.

No hay forma alguna de trabajar inteligentemente, como algunos quieren hacer creer, si no se ha trabajado duro antes, porque esto representa haber adquirido conocimiento, obtener experiencia, saber cómo resolverlo mejor o en menos tiempo o con menos recursos.

Es por eso que muchos jóvenes quieren trabajar inteligentemente pero no saben cómo y se dan de topes constantemente, mientras que muchas personas con experiencia ya pueden hacerlo porque ocuparon varios años poniéndose a la ofensiva y dándole con fuerza al trabajo, descubriendo así mejores formas de hacerlo.

Se puede compartir a forma de trabajo más ágil y sencilla, pero sin práctica, eso va a servir de poco. Hay mucha gente que quisiera el atajo, el camino más corto y simple para hacer algo, lo cual termina convirtiéndose en una frustración y con pocos resultados continuos.

Así que procura que las planeaciones se concreten en acciones y no busques caminos cortos. Con cada paso que des te irás acercando más a lo que buscas y cada vez que voltees te darás cuenta de todo lo que has avanzado.

Procura dar cada paso con la mentalidad correcta como te mencioné anteriormente, realiza la táctica si la necesitas, porque eso te da el impulso adicional y la confianza necesaria para actuar.

Y algo también muy valioso, sobreestimas lo que puedes lograr en un año y subestimas lo que puedes hacer en 5 años. Considera que estás en un maratón, no en una carrera de 100 metros planos, no te pongas metas muy elevadas en poco tiempo y trabaja a mayor plazo, eso te libera de estrés y te permite mejorar tus jugadas, sobre todo cuando algo no va acorde a lo planeado.

Cada paso que des te acercará al objetivo, pero entre más grande éste sea, más tiempo y paciencia vas a necesitar.

### 8. Lo que importa es el proceso, no la meta

Estamos atrapados en un sistema desarrollado por los hemisferios izquierdos, los analíticos y los organizados, eso no es necesariamente malo, pero es ineficiente s no se considera a los creativos y a los empáticos.

Este exceso de mediciones, de KPIs y de OKRs hace creer a muchos esa frase de que lo que no se mide no se puede mejorar, ¿la has escuchado o leído?

Sin embargo, se le atribuye a Albert Einstein otra frase mucho más interesante, desde mi punto de vista, no todo lo que se mide es importante y no todo lo que importa se mide.

A los empleados se les mide por metas y muchos reciben bonos en cao de alcanzarlas, pero nadie mide su grado de esfuerzo, su satisfacción o su felicidad. Lo cual provoca reacciones que pueden llevar a la apatía y el aburrimiento si las metas no son reales o alcanzables.

Precisamente tampoco se miden las probabilidades reales de alcanzar un objetivo, por lo que muchas veces solo se calcula un porcentaje superior al mismo periodo anterior y se sigue presionando para alcanzarlo.

No quiero decir con esto que poner metas u objetivos sea malo, todos deben saber hacia dónde se dirigen sus esfuerzos, pero son precisamente éstos, los esfuerzos, los que menos se miden.

Una meta puede tener miles de circunstancias que evitan que se alcance y es un solo punto de medición, un mes lo alcanzas, al otro no.

Sin embargo, el esfuerzo es más importante que la meta, porque cuando tienes e impulsas a las personas y a los equipos a que hagan su mayor esfuerzo y aprendan de él, sin importar si alcanzan la meta o no, estarás creando confianza y autoestima en tu personal, se sentirán reconocidos y apreciados.

Esto afecta positivamente los ánimos y el ambiente, además provoca que los resultados vayan subiendo de forma consistente hasta alcanzar y rebasar las mismas metas que antes no lograban.

Trabajar sobre el esfuerzo es una línea constante en crecimiento mientras que evaluar solo los resultados es una serie de picos de incertidumbre.

Así que premia el esfuerzo, reconócelo, no se trata de dar medallas de 5o lugar, sino de impulsar a las personas a que se sientan bien y capaces de llegar al primero si se siguen esforzando.

Esto crea equipos más sólidos y cooperativos, donde no hay una o dos estrellas sobresalientes sino todo un engranaje que hace que las cosas funcionen.

### 9. La atención al cliente viene de la atención al empleado

La gran mayoría de las empresas están centradas en el cliente, buscan brindarles lo mejor, resolver sus necesidades mejor que nadie, hacerlos sentir atendidos y escuchados.

No lo logran como quisieran porque en su interior no brindan la seguridad económica, laboral o psicológica de sus empleados. Es como pedirles que sonrían todo el día cuando les acabas de amenazar que si no lo hacen pierden el empleo.

Las experiencias extraordinarias que se crean con los clientes provienen de empleados a los que se les brindan experiencias extraordinarias en la empresa, esto no se trata de ser un buen profesional y hacer tu mejor trabajo para tratar al cliente, sino que se trata de ser una empresa consistente, enfocada en sus empleados, cuidándolos y apoyándolos porque son quienes atraen y hacen que los clientes regresen.

Porque es primero el personal y después el cliente, no puedes pretender que sea al revés y pedir que traten con esmero a las personas que desean comprar si no se sienten parte de la empresa, simplemente no va a funcionar, por lo menos no en un nivel extraordinario.

Hay casos donde el ambiente es muy malo y el empleado es un gran anfitrión, pero son los menos. Si tú quieres que las personas realmente se sientan atraídas a comprarte y regresar debes comprender que primero es necesario lograr que el personal se sienta atraído y decida cada día quedarse en la empresa por su cultura, su ambiente, su trato y los motivadores que satisface.

Aplicando las tácticas, herramientas y estrategias de este libro lograrás eso y entonces nada podrá detenerlos, no habrá competidor que pueda alcanzarlos, porque el personal le dará el impulso necesario para crecer y superarse una y otra vez.

La verdadera grandeza de una empresa no está en su tamaño, en sus instalaciones, en el número de clientes o en el dinero que gana, sino que está en la forma en la que atiende a su personal. No importa el tamaño ni el giro, no importan las distintas generaciones, si se cumple la premisa de que el personal es primero, no hay nada que no pueda lograrse con la mentalidad correcta, incluida la paciencia, con la constancia adecuada y con la persistencia necesaria, lo que nos muestra el Triángulo del Éxito que hemos conversado en este libro.

## CAPÍTULO 12

## Consideraciones Finales

Este libro es parte de un viaje, un viaje de aprendizaje tanto para ti como para mí, convirtiéndose en una herramienta valiosa que puedes consultar cuantas veces sea necesario en tu camino.

Recuerda que no necesitas tener a un equipo a tu cuidado para liderar, debes comenzar por liderar tus ideas, tus emociones y tu forma de tratar a los demás, eso hará que puedas llevarlo a cabo adecuadamente con otras personas.

Considera el liderazgo como un camino, no una meta. Mantente como un aprendiz de liderazgo y procura absorber todo lo que puedas enfocado en los principios y valores que he plasmado en este documento, siempre enfocados a crear mejores culturas y ambientes para las personas que trabajan en ellos.

Todo lo que has leído y aprendido debe ser aplicado, porque no vas a aprender a liderar leyendo o viendo videos, debes ponerte en acción, debes ponerte a la ofensiva. Probar las tácticas y ser congruente y constante con ellas.

Las circunstancias pueden cambar de un entorno a otro y de una industria a otra. Recientemente me preguntaron en una conferencia de Liderazgo a la Mexicana ¿cómo podían agrupar todas las creencias, educación e ideas personales además de la cultura e idiosincrasia para obtener mejores resultados con el personal?

No hay una fórmula mágica, por eso se debe personalizar y conocer a cada miembro del equipo para saber que motiva a unos y a otros, aplicar distintas tácticas acordes con ello junto con otras generales, pero siempre enfocados en ayudar a las personas a desarrollarse y sentirse seguras.

Si hay algo que pueda resumir la mejor forma de lograr todo lo que hemos aprendido en este libro, podría decirte sin lugar a dudas que es la amabilidad.

En eso se basa todo, porque es la mayor de las fortalezas y nada puede derrotarla, cuanto las personas son tratadas amablemente, y con esto quiero decir que te preocupas verdaderamente por su sentir, su pensar y su bienestar con toda intención de entender y ayudar, entonces no hay ninguna otra actitud o emoción que la derrote, simplemente es imbatible.

Así que, si en algún momento no has practicado o aplicado alguna de las estrategias o surge un nuevo reto que no tenías considerado, usa la amabilidad y tendrás respuestas o caminos para obtenerlas.

Espero honestamente que este libro te sirva ahora y más adelante, que puedas consultarlo y que apliques lo que has leído en beneficio de todas las personas que conforman tu empresa o círculo laboral.

Recuerda que la confianza une a los equipos, que los mejores son aquellos que cuidan a los de su izquierda y a los de su derecha, que debes apuntar más con los pulgares y menos con los índices y que siendo amable lograrás ser también justo y equitativo.

Ha sido un placer para mí que hayas adquirido este libro y lo hayas leído, que hayas tomado apuntes y los puedas implementar, la intensión siempre ha sido ayudarte en tu camino y con una sola persona que haya encontrado valor a estas líneas habrá valido la pena.

Muchas gracias y nos seguimos comunicando.

Tu amigo y servidor,

Angel Escandón

www.ingramcontent.com/pod-product-compliance
Lightning Source LLC
Chambersburg PA
CBHW071456220526
45472CB00003B/823